2019 · 부산 **詩文學** 사화집 26

길에서 길을 만나다

2019 · 부산 **詩文學** 사화집 26

길에서 길을 만나다

강남주
강정화
이몽희
탁영완
조영희
조민자
백영희
한경동
송인필
배기환
장동범
김지숙
이혜화
최지인
고훈실
이효애
김예진
김검수
정성환
윤유점
최순해

도서출판 푸른사

부산 詩文學 사화집 26

길에서 길을 만나다

Contents

Contents

Contents

<등단순>

강남주

1974~5년 월간 《시문학》 추천

『낯선 풍경 속으로』 등 9권의 시집, 『중심과 주변의 시론』 등 평론집 4권

장편소설 「유마도」

E-mail : kangnc@pknu.ac.kr

NO.#P

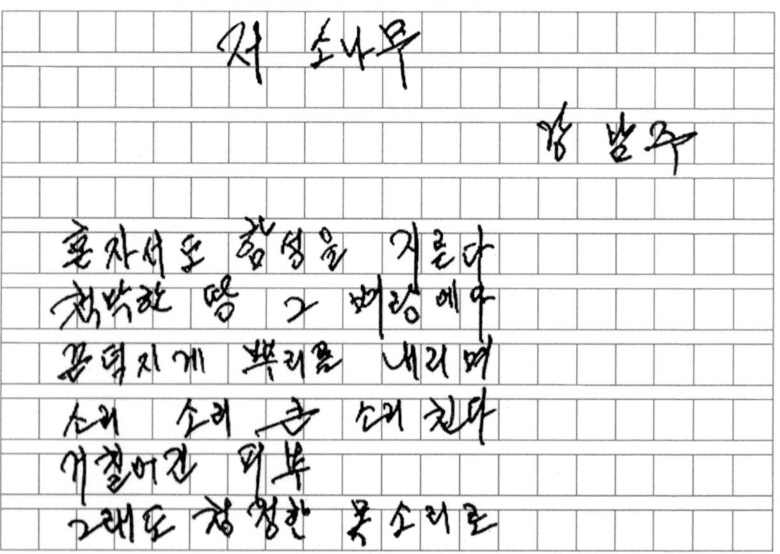

저 소나무

[illegible]

혼자서도 함성을 지른다
척박한 땅 그 벼랑에서
끈덕지게 뿌리를 내리며
소리 소리 큰 소리 친다
거칠어진 피부
그래도 청청한 목소리로

20×10

멍청이가 좋아

초롱초롱 깨어 있으면 뭘 하나
흐릿 멍청하게 사는 것이
훨 낫다는 생각을 한다
멍청이가 되자
이 세상 편하게 살 수 있는
진짜 현자는
봐 !
저 쪽에서 멍청이로 서 있지 않나

달에서 내린 토끼

어느 새 그믐이 되었다
토끼는 어둡기 전에
달에서 내려버렸다
지구까지 어두워지면
나는 어디로 내리지
날은 저물고
그림자는 짙어지는데

가면의 가수

그의 노래에 무조건 감동했다
너무 진짜 같은 사랑의 고백
표정 하나 변하지 않고
가사며 곡이며 절창이다
감동이 우리를 흥얼거리게 했다
눈물까지 흘린 박수
가면을 벗고 나서야
가짜인 줄 알았다

스카프의 끝자락

크림트의 그림 앞에 섰다
하이힐 굽이 높은 여자
감정의 개입 없이
내 오금을 저리게 한다
팜므 파탈에게 게임의 규칙은 있다
나에게 키스를 하는
그대의 엑스타시는
말러의 교향곡 5번
죽음과 삶이 섞여 꿈틀거리는
열정의 아나콘다
나보다 키가 큰 손톱 긴 여자
아다지에토로 내 목을 더듬는다
격한 바람이 불고
스카프의 끝자락이 나를 감고
어디로 흘러내리는지
얼얼하다

꽃의 반란

– 나태주의 '풀꽃' 패러디

아름다운 저 꽃
자세히 보면 이쁘지 않다
오래 보고 있으면
사랑스럽지 않다
시들어 떨어지는
저 추한 얼굴
그렇다
너도 그렇다

강 정 화

1984~5년 월간 《시문학》 등단

시집 『우물에 관한 명상』 외 14권

E-mail : kjh4710@hanmail.net

"아카시아 꽃필 무렵"

강정화

어린시절 고향산에 봄이 오면
산은 온통 하얀 아카시아 꽃대궐
산가득 뻐꾸기소리 그리움에 젖고
꽃향기 취해 쳐다본 하늘빛 푸르름
푼수장이 봄바람 가지마다 옮겨다니고
벌나비 덩달아 조무래기들 춤추는 광경

고향에 들다

고향을 등진 반평생
생의 벽에 소리가 나면
해열제도 소용없었던 나날들
외로움이 정에 메말라
바람은 닭살을 돋우며
비밀 통로의 오솔길로
몸은 잊힌 청하의 고향에 들다
집 앞 미루나무 베어지고
정다운 동무 사라졌다
월포리 파도와 보경사 풍경소리
시간 뒤편 추억의 씨앗들이
그림으로 펼쳐져
바람에 흔들렸다

어이 힘내

산행길 뒷줄에서 끙끙거릴 때
하산하는 사람들
어이 힘내세요, 다 와 갑니다!
참으로 달콤한 격려의 한마디
지치고 고달픈 길에
위로로 뱉은 말
진정으로 발길 가벼워진다

하늘로 가신 아버지
다독이며 정겨움의 말씀
"힘내 곧 당도할 거야"
발바닥 닳도록 낑낑거릴 때
진실의 말이
지친 나의 가슴에 닿아
어둠을 뚫고 깨달음을 줬다
이제 지친 이들을 마음에
등불을 켜 줘야지

고속도로

낯선 목적지를 정한다
꿈틀거리는 도시의 일상을 접고
지나는 풍경을 접어
마음은 가볍게
고속도로 가장자리를 채운다
사람도 집도 산도 삼키며
지나 온 길 지우고
한 곳으로 달려간다
일상에서 눈이 멀어져
하늘로 오르는 계단
마음 가득 부풀어지는 소리로
마음은 설렘에 젖는다
가는 곳에 발 닿자
어지러운 생각들
와르르 내동댕이치며
길을 잃는다

아침 뉴스

2019년 8월 모일
일본 바다에 백만 톤을 버린 방사능
물속 생명 어쩌나
트럼프는 군사방위비 분담금 증액 협상
로마의 스페인 계단에 앉으면
벌금 50만 원이라니
태풍 레기마크로사 북상 영향 불투명
한국의 센디에이고를 꿈꾸는 소악도와 기도문
입추의 날에 무더위 속 아침
하루의 불쾌지수가 높다

이몽희

1986년 월간 《시문학》 등단
시집 『둘이서 발 맞추기』 외
E-mail : mong310@hanmail.net

뒷짐

이봉희

길을 비켜 드려라
굽은 등에 무거운 짐 지고 가는 저 분
남은 길 한 발 한 발 재면서 가는
깨달은 자의 단출한 등짐을 보아라
짊어진 두 손안에
모든 수식어와 현란한 수사법을
다 내려놓은 인생이 우주의 무게로

굽다

길도 굽은 길이 좋다
모롱이를 돌 때마다 새 땅이 나와
그곳에 집 짓고 살고 싶다
강도 굽은 강이 정답다
물굽이 휘어질 때마다 설레는 것은
강물이 가슴으로 휘돌아 들기 때문이다
나무도 굽은 나무가 편안하고
사람도 굽히는 사람에게 끌린다
마음이 한쪽으로 굽어 아프다면
그건 사랑이다
굽어진 마음 오래 펴지지 않을 땐
그 마음의 강가에서
나룻배 띄워 오래 기다리며 살 일이다

뒷짐

길을 비켜 드려라
굽은 등에 무거운 짐 지고 가는 저 분
남은 길 한 발 한 발 재면서 가는
깨달은 자의 단출한 등짐을 보아라
젊어진 두 손안에
모든 수식어와 현란한 수사법을
다 내려놓은 인생이
우주의 무게로 실려 있나니
경건하게 공손하게 길을 비켜야 한다
저 길의 끝에서 그 짐마저 부려 놓고
봉긋한 잠언 한 마디
비문으로 또렷이 새길 수 있도록

그는 별을 사랑했다

꽃은 봄바람이 피웠다
열매는 벌나비의 몫이었고
소나기와 햇살이 번갈아 젖을 물렸다
노을이 안고 토닥거려 볼이 붉어졌고
밤마다 저 닮은 별 하나 기다리는
그리움이 익어 단맛이 깊었다

트럭에 실려 떠나던 밤
그 별 찾아와 밤새 뒤를 따랐다
하늘로 돌아가지 못한 별
사과 속 하늘로 자리를 옮겼다
어디서든 사과를 소매로 힘주어 닦으면
반짝 하고 빛나는 별 한 개 뜬다

나도바람꽃

길 위에 오르면 나도 한 줄기 바람
어디로 가야 할지 지향이 없다
다리가 붓도록 헤매고 다녀도
어디로 가느냐 묻는 사람 없고
가는 곳 몰라도 섭섭지 않다
우연인 듯 운명인 듯
마주 불어오는 바람 한 줄기
꿈인 듯 와락 안겨 들면
강산 어느 벌판에서 한데 어울려
소낙비로 내리며 목놓아 울고
너와 나 두 바람 흔적 없이 스러져도
사랑이란 연분의 두 꽃으로나 남을까
너도바람꽃
나도바람꽃

술잔

시골 좁은 찻길에
술잔 하나 엎드려 있다
밤새 마신 술에 질려
저렇게 굽은 등을 보이며
한 며칠 술을 끊을 작정인 거다

어느 잊혀진 마을에서
하늘 등진 채 땅에다 입술 비비며
술을 끊듯 인생을 끊을 작정인
그 한 사람이 자꾸
나를 부르는 것 같아,

차를 세우고
그 잔을 뒤집어 바로 놓은 다음
다시 내 길을 간다

탁 영 완

1986년 월간 《시문학》 추천완료 등단
시집 『해인의 창』 외 11권 출간
E-mail : tak2158@hanmail.net

해인의 창

박영완

아가 눈 가운데 엄마가 들어있네
샛별이듯 반짝이는 바다 속 눈부처

그 너머 생의 인연 비집고 들어
저리 깊고 큰 해인(海印)의 창을 여네.

도서출판 전망 TEL. 441-4445/466-2006

다 가보지 않은 길

불루 마운틴
30년 전, 커피 향 코끝에 걸고
가벼운 발걸음 팔 겯고 걷던 네 이름을 기억 한다

아름다운 것은 늘 위태로운 손짓
낭떠러지 매달려 있다
그리운 것은 저만치 바라보이는 거리에 있다
그래서 남겨둔 길은 퇴적된 깊이로 여지를 남긴다
푸른 계절에 가려 보이지 않던
주름과 뼈와 관절이 이어져
구부러진 곡선 감다가 풀다가 이슥고 먼 봉우리
좁고 힘든 길이 되었다

네 이름은 늘 젊어서
불루 마운틴,
팔팔했던 발걸음이 보지 못한 것
어슬렁 풀어놓은 세월 묵은 앨범 펼치듯 보네

빛과 어둠

– 와이토모 동굴

큰 어둠이 여린 빛을 고물고물 살리고 있네
작은 빛이 모여 깊은 어둠을 열고 있네

수천마리 반딧불이 은하수를 제 몸으로 점점이 그려내고
어둠 삼키고 3천만년 보이지 않던 동굴을 살려 내고 있네
석회암 속으로 거대한 입을 벌리고 있는 마그마의 정적을 두드린
마오리 추장과 영국탐험가 프레드,
오직 반딧불이 만든 불가사이 횃불만으로
미지의 물길 따라 보트를 젓는다
이윽고 무거운 세월의 첩첩 어둠덩이 밀쳐낸 전설을
세상이 본다
어둠을 살리는 작은 생명 빛의 입자를 숨죽여 본다

한세월 어둠을 묵힌 내 안으로 생명 반짝이는 작은 것들의 힘이
해인의 창을 열고 혜안을 여는 배 노 젓고 있네

남은 영역

우리 인생의 기운 하늘가
지구의 계절을 뒤집은
뉴질랜드 남섬
밀포드 사운드로 가는 길
여기 화들짝 철모를 무지개 뜨고
햇살 반짝이며 어안랜즈 한껏 시야를 넓혀
흰 구름 둥둥 다 담도록 내 남은 영역 이리 넓네
황혼은 절로 자연 가까이 가 있어
경이를 타고 오르는 키 큰 나무이끼

순간 음악으로 열리던 호머 터널 바깥
긴 속눈썹 타고 울컥,
실 폭포 줄기마다 구름에 담겼던 생의 현악이
걷잡지 못하게 줄줄 흐르네
무슨 곡인지 화들짝 귀도 놀라
눈물인지 폭포인지 오만 가닥 가슴을 뚫고 흐르고
얼마 만에 세상이 흔건히 젖어 거꾸로 나무가 서고
우리 메마른 계절의 영역도
울다 웃다 그새 이토록 넓혀 놓았네

마그마의 기억 · 9

바닷가 바위에 찍힌 고생대 공룡발자국 해독하듯
이제 그렇게 너를 읽는다
가끔 해독 되지 않는 바다 속 깊은 손짓
해일로 뒤집히지 않는 한
다 보지도 듣지도 못하고
세상에 잘못 읽힌
내 몸을 스친 짜투리 네 역사

마그마의 기억 · 12

뉴질렌드 *테 푸이아 거기까지
미쳤네 너 있는 곳
미쳤네 도달해보니 간헐천 포후투
단 5분이라도 세상을 향해 분출하는 뜨거운 입김
하늘에사 여직 미치지 못하고
까마득 끓는 마그마 손끝하나 닫지 못하고
너럭바위로 가슴 눌러 불치의 열병이네
나 살아있고
너 땅속 깊이에서 전하는 미친 사랑법

조영희

1994년 월간 《시문학》 등단
시집 『우리들의 승천은』 등 10권
E-mail : cho1122a@hanmail.net

소금이 되기까지

조 영희

소금자루가 무거운 건
눈물 때문이야
좀 딱딱하지만 입안 녹은 뒷맛이
달디 단 명지소금 전설이란
맑고 푸른 남해바다를
달이고 졸여서 구워낸
바다의 결정체라는 거야.

소금이 되기까지

하늘이 내린다는 천복을 누린다는 건
바다만의 일은 아니지
바다도 살기 위한 몸부림이라
내력과 이력을 한 마디로 요약하자면
속살이 여물도록 염천 땡볕에 알몸이 되어
이리 밀리고 저리 밀려 들들 볶이면서
말갛게 닦인 이 건 몸이 아니고
정신이지
증발의 방점을 찍고 이제 더 이상
흔들리지 않아도 돼
소금자루가 무거운 건
눈물 때문이야
좀 딱딱하지만 입안 녹은 뒷맛이
달디 단 명지소금 전설이란
맑고 푸른 남해바다를
달이고 졸여서 구워낸
바다의 결정체라는 거야.

철새 7

저 시퍼런 생명의 심줄 낙동강 한 자락
필로 끊어 허리띠 동여매고
수평선 한 지름 썩둑 잘라
목을 맨 산머리
갑사댕기 한 자락 바람이 실어간다
노박이로 비를 맞고 떠나는 기차처럼
떠날 때를 알고
물 갈퀴질에 흙 묻은 발목을 씻고
전설의 동아줄을 놓아주는 둔치도
아무리 흔들려도 부표처럼 떠오르는
비바람 몰아쳐도 흩어진 적 없는
은하수 별자리 같은 섬들
누차 눌러앉고 싶어도
떠날 수밖에 없는
눌차도
저어도 저어도 제 자리 맴도는
제풀에 지쳐 잠이 든 해안선
선착장 갈매기는 불안하다

탐조대

돼지 목통 따는 절박함에도
꽥 꽥, 그 마지막 처절함에도
여기서는 입 다물어야 해
소리 내거나 손가락 까딱거리거나
이름을 불러서도 안 돼
날개를 가진 것들은 예민해
신경과민이지
인간의 눈치만 보거든
원래 처음부터 저들의 영역이거든
상형문자로 기록되었지
모래 위에 새겨진 저들의 역사는
우리는 손 타는 걸 싫어하는
저들의 자유를 존중하여
부러 에둘러놓은 을숙도대교며
석유냄새 풍기지 않으려
차량을 통제하고
갯벌 구덕 무릎걸음 기는 조개잡이도
숨도 크게 쉬지않고
살살.

부산 갈맷길

끊어지는 법이 없다 길은
길에서 길을 만나고 사람이 사람을 만나는
그 모든 연결의 고리들이
물의 흐름으로 부드럽고 질기다

낙동강 흐름이 그렇듯
앞을 향해 대차고 세차게
바람을 저어 나가는
강의 서쪽은 도도하고 도도하다

황지에서 발원하여
부산 바다에 이르는 대장정 510km
낙동강은 한강 이남 최대의 젖줄
우리 고장에 이르러서
비로소 바다가 되는
강과 바다와 사람이
하나가 되는

모래등에서

모래톱의 꿈틀댐은 맥놀이다
호기심 많은 텃새들 탐색처럼
호시탐탐 서로를 엿보며
기웃거리는 모래알
간지럽다 간지럽다 하면서
꿈틀거리는 민중 민생들이야
천지돌출 유아독존으로
불쑥 나타난 것이 아니다
외로움이 외로움을 만나 하나가 되고
보트피플이 보트피플을 만나
우린 너무 지쳤어
이쯤에서 우리의 제국을 건설하자고
공화제국을 건설하자고
모래가 모래끼리 모의한
자연스런 발상이
수면 위로 떠오른 것인데
아, 어쩌나 우리의 전모가
백일하에 다 드러났네.

조 민 자

1994년 월간 《시문학》 등단
시집 『잎새와 뿌리는 서로 그리워하고』 외 2권

No. 1

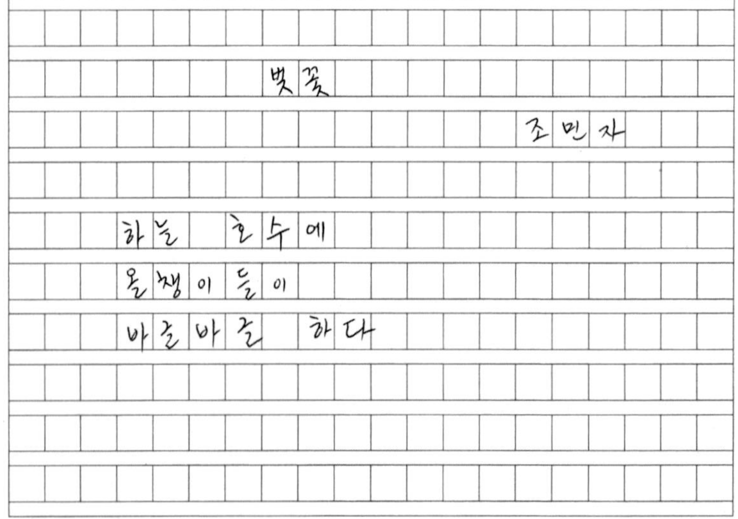

모란꽃 피는 이유

이른 아침
뒷산에서 노래하는
꾀꼬리 소리에
우리집 자줏빛 모란
치마를 벌린 듯
꽃잎을 활짝 열고 있다
저 산새와 모란꽃에
얽힌 사연이라도 있는 것일까
꾀꼬리 소리에 저렇게
모란꽃이 피는 걸 보면

밤꽃

모내기 끝낸 논에
얼굴 마알갛게 세수한 밤산
뒷산 대숲 빛깔의 연노랑빛 꽃을
소담소담 정수리에 잔뜩 이고 있다
호박넝쿨 거침없이 돌담을 넘는
하동댁 마당에
밤꽃냄새 기척도 없이 내려와
진득진득 고인다
누렁이 한 마리 심심한 듯
지나가는 기차를 보고 꼬리를 흔드는
온 마을이 밤꽃 냄새로 수런거리는
횡천 여의마을

벚꽃

하늘 호수에
올챙이들이
바글바글하다

뻐꾹채

시어머니 일하는 밭머리에
찾아와 우는 뻐꾸기 울음소리
가만히 들어 보면
벗고 벗고 하고 운다는데
청상인 시어머니와 아들 며느리
한방 거처하는 가난한 산골마을
시어머니 밭에 나간 사이
젊은 새신랑 옷도 못 벗고
각시한테 달려드는데
시어머니 아가하고 들이 닥치자
놀란 며느리 숨이 턱 막혀
그만 돌연사 했다는데
홀시어머니 감시 때문에
옷을 벗고 나누지 못한
운우지정 설움을 토해내는
며느리 죽은 넋의 절규 같은
뻐꾹새 한나절
벗고 벗고 울고 가면
엉겅퀴꽃 닮은 뻐꾹채
천지사방 피흘리듯 핀다네

개화

창을 열자 목을 길게 뽑은
참나리꽃 아는 체 한다
무슨 설움에 밤새 젖어
아직도 물기 어린 눈동자
몽오리를 맺고도 꽃 필 낌새 없더니
새벽녘 잠시 내린 비에 피었나 보다
칠월 저 뙤약볕을 어찌 견딜까
걱정 되었지만 나는 지금 외출중이다
일이 끝나면 빨리 집으로 돌아와야겠다
참나리꽃 긴 목이 더욱 길어져
빈 집에서 온종일 나를 기다릴 것 같아서

백 영 희

1994년 월간 《시문학》 등단
시집 『8병동의 똥방』 외 4권
E-mail : mearibyh@hanmail.net

NO. 1

검정 고무신 · 2

– 나비

백 영 희

검정 고무신에 심은 색색의 꽃
웃음이 머문 시간에 나비들 모인다

화가가 보낸 꽃다발 두 묶음
웃음이 발걸음을 묶어
파도 사이로 반짝반짝 따라온다

20×10

검정 고무신 · 2

– 나비

검정 고무신에 심은 색색의 꽃
웃음이 머문 시간에 나비들 모인다
여자의 마음에서 들리는 둥근 소리
불을 피운다
분홍꽃이 만발한
추억 속에 앉은 나비
황소개구리 울음소리와 함께
여자의 목젖은 눈과 귀까지 열려
웃음을 박음질하고
개구리 밥풀 동동 뜨는 연꽃을 본다
하늘재를 넘는 통풍의 붉은 발가락도
아픔을 잊은 채 퍼질러 낮잠 잔다
유월의 오후에
화가가 보낸 꽃다발 두 묶음
웃음이 발걸음을 묶어
파도 사이로 반짝반짝 따라온다

검정 고무신 · 4
– 추억

더위를 따라온 검정 고무신
길 따라 붓이 춤추자
바람이 키운 숲과 산과 꽃들
여자의 생에
나비로 날았다
어린 날 금정 고무신의 그림은 슬펐다
여섯 아이 꼬물거리는
좁고 가난한 방
굶어 황달이 된 막내
신 바닥이 닳을까 머리 이고 다닌 고무신
배고픈 아이들 어머니 지문을 지웠다
마음의 걸림이 없는 꽃들은
더위에 벌을 불렀다
발끝에서 뇌까지
운명이 새겨진
도화살의 지문을 지우며
추억의 문을 열어
웃음의 꽃가루를 뿌렸다

어머니 · 6

– 세월

꾸지뽕 발효되는 항아리 속에
어머니의 향기가 퍼졌다
야윈 몸의 팔뚝은
딸의 몸을 지키려 약초를 만드는
가마솥 뚜껑이 되다
딸 대신 죽음을 원한 날
어머니의 울음소리
항아리에 쌓였다
젊은 날 죽음의 두려움이
짜증과 투정으로
어머니를 어둠에 가둔 후회
딸의 목덜미에 내내 흔들린다
삼십 년 덤의 생을 산 딸은
구순 어머니와 날마다
주름살을 키운다

어머니 · 7

– 부부

문을 열면 햇살이
아버지 서재에 퍼진다
어머니는 신문을 뒤척이고
귀로 글을 읽으며
종일 집안을 서성인다
거실과 부엌이 하얗게 졸면
순간에 무섬이 퍼진다
가물가물 잊힌 가족들
창밖 가슴의 날개
9층 낭떠러지 먼지로 흐른다
어머니 앞에 쪼그리고 앉아
하염없이 웃는 얼굴을 보는 평화
근심의 무늬가
아버지 얼굴의 주름이 된다

어머니 · 8

– 딸

어젯밤 꿈속에서
어머니의 손을 놓쳤다
새벽 연락도 없이
두려움이 대문을 두드린다
추억 속의 산과 계곡에
핀 꽃의 이야기로 아침을 여는 어머니
자주 찾지 않아 딸도 잊었다
밥 먹는 시간과 배고픔을 잊고
기다림에 전화기를 만진다
그림 속 호접란 붉은 꽃잎에 앉아
먹먹한 가슴이 환해지도록
말 잊은 어머니를 부른다
아픈 가슴의 구멍 사이로
바람이 윙윙거린다

한경동

1995년 월간 《시문학》 등단
시집 『과일의 꿈』 외 4권
E-mail : hankd6521@hanmail.net

(詩) 휘파람 소리

한경동

사랑니는 일치감치 뽑아버렸고
딴엔 오래 갈 줄 알았던 어금니마저
온데 간데없이 사라진 어느 날
아직도 헤식은 바람기는 살아남아서
이빨 아닌 잇몸 사이로
휘 휘 휘 휘
그때 그 가시나 불러내던 솜씨로
참 어설프게 휘파람 한 번 불었다

밥을 먹으면서

밥상은 신전이다
살아있으므로 날마다 감사하고
밥상 앞에서는 더욱 경건해져야 하는
사람 사는 게 뭐 그리 대단한 것 같지만
밥 먹는 일만큼 거룩한 일이 어디 있으랴
단지 몇 시간이면 똥이 되는 밥을 위하여
눈에 안 보이는 손금마저 죄다 뭉그러지고
언젠가 밥 먹으면서 울컥하던 때를 생각하면
한 끼 밥의 고마움은
고마움대로 고스란히 남겨두고라도
오늘도 밥상 위에 가지런히 수저를 놓는
그 작아도 성스러운 의식을 준비하면서
잠시잠깐 엄숙해지는 마음 하나도
참으로 간절한 기도가 아니겠는가

산정호수

세상의 머리꼭대기에서 물을 본다
머리꼭대기까지 차오르는 분노를 본다
하필이면 눈물겨운 진달래꽃도 피고
벚꽃 하늘하늘 떨어지는 산정에서
세상에서 가장 외로운 사람의 눈망울을 본다
오늘따라 바람도 갈래갈래 흩어지고
골짜기마다 물길이 졸아드는 산줄기줄기
세상의 발가락 끝에서는 복사꽃이 피는데
아직 조바심 낼 때 아니다 혼잣말 하면서
가슴 밑바닥에서 치미는 울분을 본다
눈물 그렁그렁 고인 산정호수를 바라본다

(시작노트) 즐거운 동행을 따라 산정호수엘 갔다. 당시에는 야심찬 기획의 최신 발전시설이었지만 지금은 세태에 밀려 천덕꾸러기가 되어가는 것 같았다. 이리저리 몇 번을 고쳐 쓰다가 슬픔도 보다 냉철한 마음으로 대하라는 先人들의 '樂而不淫 哀而不傷' 을 생각하며 슬픔도 분노도 아닌 안타까움으로 이 詩를 썼다.

풀빵이야기

– 추억사냥 2

부전동 적십자회관 가는
세 갈래길 어우름
아침부터 풀빵 굽는 아저씨
뜨거운 빵틀 화덕 앞에서
서느렇게 식어가고 있다
풀빵 하나로 끼니 때우던
그때는 그때 지금은 지금
말없이 바작바작 속 태우며
이리 갈까 저리 갈까 차라리 돌아갈까
유행가 가사 같은 얼굴로
어느새 식어버린 추억을 팔고 있다

(시작노트) 손바닥 만한 풀빵 하나로 점심끼니를 때우던 때가 있었다. '붕어빵에는 붕어가 없다' 고 하면서 봉지 가득 붕어빵을 사들고 집으로 돌아가던 중년 시절도 있었다. 언젠가 부산적십자회관 가는 세 갈래길 한 모퉁이에서 낙엽처럼 잎맥만 남아있는 60대 남자가 바람 막는다고 비닐 가림막를 쳐놓고 풀빵을 굽고 있는 것을 지켜보면서 '저 영감도 최저임금 희생자일까?' 괜히 내가 먼저 한숨이 나왔다.

휘파람소리

– 치과병원에서

사랑니는 일치감치 뽑아버렸고
딴엔 오래 갈 줄 알았던 어금니마저
온데간데없이 사라진 어느 날
아직도 헤식은 바람기는 살아남아서
이빨 아닌 잇몸 사이로
휘 휘 휘 휘
그때 그 가시나 불러내던 솜씨로
참 어설프게 휘파람 한 번 불었다

오시게시장 2

삶도 짐도 무거우니 말 내려 놓겠네
오시게 가시게 인사 한 마디 없이
서로 눈길만 마주쳐도 반가운 사람끼리
김 보얗게 서리는 돼지국밥 한 그릇이면
오늘 점심은 마냥 배부를 터
그도 모자라면 두루 눈요기라도 하시게
가는 날이 장날이라고 하필
멀쩡하던 하늘에 가랑비라도 내리는 날
엿장수 가위소리마저 촉촉이 젖거든
그냥 되돌아 가기엔 자못 섭섭하지만
어쩌겠나, 다음 장날에 또 오시게
오시게시장

송인필

1995년 월간 《시문학》 등단
시집 『비밀은 바닥에 있다』
E-mail : ips3300@naver.com

화관

송인필

이 세상 지우는 말(言)은 모두 해바라기 속으로 빨려들어 갔다.
말씀이 되지 못한 저물어버린 말들이 씨앗주머니 속에 누웠다.

한때 모든 말을 삼킨 해바라기
한때 모든 말씀을 아낀 해바라기
사막에도 저렇게 노랗게 빛바랜
당신의 흙바닥이 회오리모래 속에 잠들어 있다
~ 중략 ~
진다는 말이
핀다는 말이
때론 짝퉁으로라도 꽃이 된 말이
수천으로 둥글어져 꽃무덤을 판다
질 듯 지지 않는 이름 하나가 고개를
꺾을 듯 꺾지 않는 이름 하나가
진다
핀다

하관

이 세상 저무는 말[言]은 모두 해바라기 속으로 빨려들어 갔다

말씀이 되지 못한 저물어버린 말들이 씨앗주머니 속에 누웠다

한때 모든 말을 삼킨 해바라기
한때 모든 말씀을 아낀 해바라기

사막에도 저렇게 노랗게 빛바랜
당신의 흙바닥이 회오리 모래 속에 잠들어 있다

그때 그 말을 피우려고 고흐는 종일 해바라기 꽃길을 헤맸다
그때 그 말을 삭히려고 달리는 달을 집어들고 허공을 불렀다

저물어버린 그때 그 재채기는
해바라기꽃 속에서 지고 해바라기꽃 속에서 쿨럭거린다
진다는 말이
핀다는 말이
때론 짝퉁으로라도 꽃이된 말이
수천으로 둥글어져
꽃무덤을 판다
질 듯 지지않는 이름 하나가 고개를 꺾을 듯 꺾지 않는 이름 하나가
진다
핀다

나비

돌배나무 잎 뒤에
노랑가방을 맨 채 숨는
그 애

막 우화를 끝낸
무방비의 눈망울

남방에서 북방으로
꼭 한 번 건너야 할 길이
허공이어서

걱정하던 거미는 허공에 다리를 놓는다
겹겹이 놓는다

어떤 배려는
날아오르기 전 수의를 입는다

곁

천년 뒤, 내가 어깨를 기댄 미루나무, 그 곁에 흐르는 아름드리 아름드리 강물 위를 기차가 지나네, 천년 뒤

강둑에 앉아 미루나무의 눈을 보네, 천년 뒤, 내가 비손하네 강물에 젖은 새의 날개짓으로 비손하네 젖은 바람으로 비손하네 물소리로 비손하네 빠르게 떨어진 가을 미루나무잎으로 비손하네, 갑자기 푸르르 날아온 새의 방울이 가지 끝을 흔드네, 천년 뒤

천년 뒤
나는 그 강가를 떠나지 못하네, 천년 뒤 미루나무 어깨에 기대 강물 위를 지나는 기차를 타네 천년 뒤, 미루나무가 아름드리 강물을 싣고 오네 비손하며 오네 천년 뒤, 미루나무 한 쪽 날개가 자꾸 푸르게 깊네, 천년 뒤

잎벌레 이야기

잎 뒤에서 올려다 본 하늘은 잎이었다
잎 한 장의 체취와 잎 한 장의 뼈대와 잎 한 장에 앉은 바람의 무게와 잎 한 장에 멍들기 시작하던 하늘이

빛빛빛, 빛의 세상으로 빨려 들어가고 싶던, 잎 뒤에서 잎을 먹고 살던 나는 잎을 닮았다 잎의 상처를 먹으며 상처가 되었다 내가 한 장 잎을 다 갉아 먹는 동안 잎은 커다란 구멍이 되었다.

잎이 나를 보고 웃을 때, 잎이 홀로 울 때
주름진 허방다리가 잎의 얼굴 가득 출렁였다
한 장 잎과 보내는 일생이 허방이었다
억만 년 뒤 내가 건너도록 놓인 허방다리였다

생을 다 갉아 먹히고도
날마다 문을 열어 제 살점 떼어주고 재워주고 밥 먹여주던 한 장의
잎
단 한 번도 덮어드리지 못한 나를 다독이며 덮어주는 당신을 만나러 간다

나는 당신을 갉아 먹고 배를 채워 당신이 되었어요 세상 가득 짓푸른 허방이 되었어요

오래된 책갈피 속 낙엽 한 장
온 몸 구멍 뚫려 잎맥만 남은 얼굴을 향해
내가 말 한다
엄마 배고파

녹

단풍나무 옆에 비스듬히 서 있다
겨울을 기다렸을까
가을이 되어서야
거멓게 타버린 잿빛 혀를 내밀고
서툰 인사를 건넨다
이거 참 맛있어요
누런 살갗에 마른 버즘 가득 핀 얼굴로
베트남쌀국수 한 그릇 내미는
그녀 이름이 녹이란다
조롱박같은 어린 새끼 몇 가지를 칠 때
가끔 혼자 찾아와 먼 하늘을 보는 직바구리새
녹 낀 어미 무릎에 어린 새끼가 얼굴을 묻고
웃는 이국의 보금자리
그 잎을 지날 때마다 바람은
메콩강 물빛을 조금 뿌려주고 간다

배 기 환

1997년 월간 《시문학》 등단
시집 『젊음의 징비록』 외 다수
E-mail : kj3870@hanmail.net

NO. 1

새벽 바다

배 기 환

아침 바다에 봉인을 제일 먼저 뜯는 것은 바다의 해평성대를 위해 바람과 잡신 거두게해 달라고 용왕님께 빌고 빌며 파도를 아내처럼 껴안고 물질하는 해녀들이 휴ー 휴ー 내뿜는 숨비 소리다.

20×10

새벽 바다

저 새벽 바다의 뚜껑을 맨 먼저 여는 것은 시베리아 빙산에서 달려온 된바람도 아니고 바다의 막장까지 긁는 트롤선 엔진 소리도 아니며 새벽잠 설친 아침 갈매기 끼룩거림은 더욱 아니다
아침 바다의 봉인을 제일 먼저 뜯는 것은 바다의 태평성대를 위해 바람과 잡신 거두게 해 달라고 용왕님께 빌고 빌며 파도를 사내처럼 껴안고 물질하는 해녀들이 휴-휴-내뿜는 숨비 소리다

바다의 四季

– 봄

바다가 진하게 암내를 풍긴다
포세이돈이 그려내는 춘화도 속에
치맛자락 흔들 듯 살랑살랑 피어나는 해풍
안갯속의 해안을 거닐던 바람은 바다를 정복하고
바다는 또 그 바람을 정복한다
바다는 누가 뭐래도 탱글탱글 물오른 처녀처럼
꼬리를 살래살래 치면서 대륙을 끌어안고
이리저리 몸을 뒤척일 때가 가장 아름답다
바다 쪽을 향하여 바람이 불 때마다
안개꽃 거품을 물고 끼룩끼룩 신음소리를 낸다.
동안거 속에 달과 별과 교신하며
긴 겨울을 침묵하던 바다–
쉽사리 접안되지 않는 욕망의 닻을 달고
수중 깊숙이 부끄럽게 몸을 숨기며 겨우내
인내한 그의 성감대를 과연 누가 건드린 것일까
은비늘 눈부신 꽁치와 멸치 떼를 거느린
잔뜩 발기된 파도가 수평선을 끌어당기며
갈매기들을 불러 모은다
이제 그 바다가 만삭의 무거운 몸을 풀려나 보다

바다의 四季
– 여름

파도소리 낼 겨를도 없이 분주한
여름바다 한가운데 부표처럼 크고 작은 섬
여기저기 모여 앉아 하얗게 갈매기 꽃 피운다

사방으로 시야를 열어젖힌
눈웃음 나부끼는 여름바다는
그의 등짝을 핥고 지나는 바람 따라
겹겹이 쌓아둔 해무를 풀어헤치며
갑자기 뭍으로 가는 길 지워버린다

멀리 섬들이 보이는 또 다른 섬 안에
찜통 같은 더위를 식혀 주던 바람
그 바람에 꼼짝없이 정박당한 나는
낡은 목선을 끌고 파도를 낚아 올리기도 하고

아득한 중생대의 백악기쯤으로 거슬러 올라
한 마리 티라노사우루스가 되어
섬 여기저기를 뚜벅뚜벅 걸어 다니며
거대한 발자국을 찍어 보기도 한다

여름 바다가 바다 안에서 울고 있다
내 발자국 속에 공룡이 울고 있다
나를 초대한 안갯속의 여름바다
어느새 자욱하게 깔린 안개를 불러 들이며
그제서야 뭍으로 가는 길을 내놓는다

바다의 四季
– 가을

지친 날개의 저녁 갈매기가 날고 있다
수평선 위에 집어등처럼 명징한 달빛이
구겨둔 지난 일들을 하나하나
투영하고 있는 시월의 저녁 바다

노을에 단풍 든 그 가을바다에 앉아
파도처럼 일렁이는 묵은 기억들을 펼치며
나는 지금 참회의 시를 쓰고 있다

좀처럼 열리지 않는 그대 바다의 창을 두드리며
뜨겁게 센스 등을 작동하던 이제는
영영 돌아오지 않을 먼바다로 떠나버린
그에게 참회의 시를 쓴다

바람에 부화된 삶의 서러운 파도가
부서진 자리에는 투명한 달빛이 부서지고
달빛이 부서진 자리에는
하얗게 욕망의 소금꽃이 피어난다

바다의 四季

– 겨울

바다가 그립다는 생각에 동승하여
동해안 한적한 바닷가로 간다

동안거 중인 꽁꽁 얼어붙은 겨울바다
빈혈의 바다 위에 하얗게 눈이 내린다
좀처럼 녹지 않는 눈이 펑펑 내려 쌓인다

산란을 준비하는 밀물과 썰물의 바다
불임의 어족들이 수태를 기원하며
이리저리 물살을 휘젓고 다닌다
튼튼한 난관이 열리기를 기다리겠지

내 안에 머물고 있는 그 겨울 바다가
모닥불을 피우며 심장을 녹이고 있다

장동범

1999년 월간 《시문학》 등단
시집 『심심』 외
E-mail : suchonjdb@naver.com

NO. 1

〈웃는 영정〉

영정이 웃고 있다
봄 여윈 줄 모르고

향 사르고
술 한 잔 올린 뒤
다시 보니
나를 향해 방긋이 웃는다

20×10

아버지

막내아들보다 젊은 나이에
꽃상여 타고 가셨다
할머니 곁으로

웃는 영정

영정이 웃고 있다
몸 여윈 줄 모르고

향 사르고
술 한 잔 올린 뒤
다시 보니
나를 향해 빙긋이 웃는다

생업

새벽 산책길 네거리에
손님 기다리는 빈 택시들
졸음 겨운 운전기사
눈 마주치기 민망하네

무명시인

호랑이는 죽어 가죽을 남기지만
가죽 때문에 조선의 호랑이 씨가 말랐고
사람은 죽어 이름을 남긴다지만
이름 때문에 명을 재촉한다

하오나 이름 없는 시인은
남길 가죽도, 이름도 없어
오늘도 자유로이 시의 숲 거닌다

무사無事

잠들기 전
거울 보며 양치질한다
오늘 하루 무사했다고

어제도 그랬고
그제도 그랬고
내일도 그럴 수 있다면

늘
안심 바라는 아내
오늘은 한솥
뭇[無]국 끓여 놓았다

김 지 숙

2001년 월간 《시문학》 평론 등단
시집 『푸른 솔숲 꽃이 되어버린 바람에게』 외 1권
E-mail : infano@hanmail.net

No.

어느 시인에게,　　김지숙

어룬대는 어깨너머
달강달강 풍경소리, 잘있나
꽃독에 발담그고
봉마루 어디 쯤에서 살고 있나
키 작은 시어들이
낯선 남새밭 언저리에서
풋젖 얻어먹을 동안
달빛, 팽개친 그 자리에서도
시의 심장은 뛰더나

할미꽃등

산등성 업고 사느라 힘들었어
허공 찢고 새순 올리던 날

고샅 너머 비린 어둠은
시냇물 허리에 길게 파묻혔지
남들은 단박 알지만 한 번도 못 본 곳
삶의 둔덕마다 홍건히 고여 드는 둥근 땅
가벼운 날개깃 달았던 내 몸의 민낯
천길 벼랑 날마다 그 곳에 쌓였지

붉은 세월의 꽃씨
다 발라내니 구름이 발아래라

풀치

곰소항 등대 앞에 은빛으로 몰려와
긴꼬리 풀꽃으로 흔들리는 어린 갈치떼

바닷물 동 나면 달갱이 꼬시래기 비단조개
집 떠난 물새의 알이
맨살 모래와 만나는 대이작도 앞바다 풀등섬
아린 시집살이 외길, 비바람 마다 않고
물소리에 닻 내리고 파랑에 버진 꿈 실은 배

드윽 드르륵

떠나보내고 각 나게 살길 버린
충충시하 살림 사는 어린 홀어미떼

헌어가獻魚歌

'그렇게 됐어' 라고 말할게
주상절리, 끝은 자주빛 바다

그 날
붉은 바위에 소 묶고
절벽 위 철쭉꽃 따 주더니
오늘, 물속 월척 쉽게 잡아
치마폭에 듬뿍 안겨주네

뭇사람의 입에서 녹아내린
속마음 척척 다 접어 던져서
너울파도 잠재우며

바다 위로 나 있는 길을 성큼
참 푸르게도 걸어 내게로 오네

버들마을

여린 풀숲 헤치고 들어선 들판에
정강이마다 따라 붙는 詩
마을 사람 얼굴마다
다홍빛 햇살 분칠된 여기쯤 살면 좋겠다
아침바다 애기삿갓조개 각굴 털게도 만나고
봄날이면 쉬엄쉬엄 애쑥국 끓여
나이도 詩도 친구도 잊고
바다새 소리에 잠깨면
하르 하르작 해초의 맑은 숨결 여유로운, 이쯤에서
서로를 토닥이며 남은 세월 이렇게 살아도 좋겠다

어느 詩人에게

어른대는 어깨너머
달강달강 풍경소리, 잘 있나

꽃독에 발 담그고
용마루 어디쯤에서 살고 있나

키 작은 詩語들이
낯선 남새밭 언저리에서
풋젖 얻어먹을 동안

달빛 팽개친 그 자리에서도
詩의 심장은 펄떡 뛰더나

이혜화

2001년 월간 《시문학》 등단
시집 『열렬한 그대』
E-mail : vandy58@hanmail.net

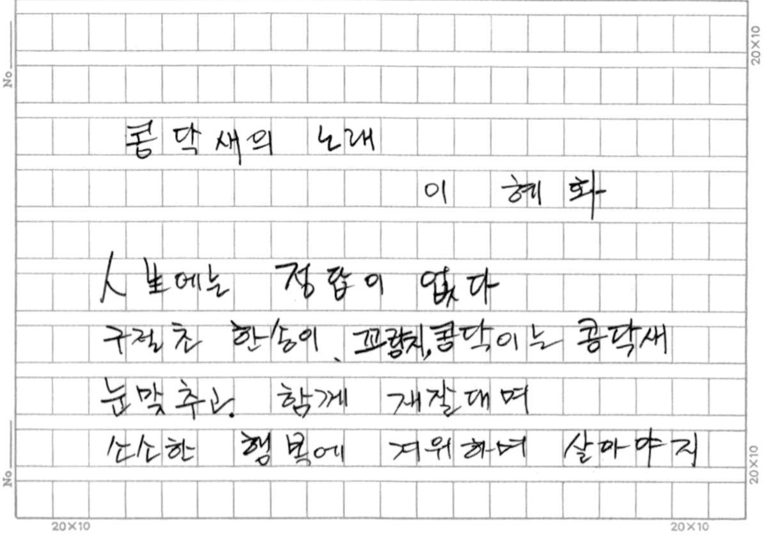
콩닥새의 노래

이 혜 화

人生에는 정답이 없다
구절초 한송이、꼬랑지,콩닥이는 콩닥새
눈맞추고. 함께 재잘대며
소소한 행복에 겨워하며 살아야지

껍데기는 오라!

꽃받침에 단단히 붙어
씨앗을 지켜라
씨방도 겹겹으로 안으니
무엇이 중헌디? 껍데기라니
단단히 안아서 포박한 결실

달큰한 과육도 질기게 안아서
각, 양, 각, 색으로 이름 불러주고
깎이어 나가더라도
잘 붙들어매야 지킬 수 있는
껍데기의 미학

현미 쌀 알도 밤 한 톨도
머위 줄기 열무 줄기도
비닐처럼 질긴 막으로 단단히 무장해

싸매고
둘러치고
단단히 묶어
알맹이를 지키는
껍데기가 절대 놓치지 않는 것은

속이 찬 진실이다
껍데기는 오라!

인연

대숲에 닿은 바람은
파도 소리를 낸다
바다를 끌어와
초록 파도가 인다

휘몰아 가는 바람
산맥을 돌아 들판에 서면
벼 물결이 인다

저물 무렵
지상의 이파리들은
창백하던 낮달을 위해
밤이면 꽃별로 뜨는지도 몰라
바람따라 손 내밀어 인연을 맺어 볼까
봄 지나 열어 젖힌 여름, 다시 세월 속

젖은 나무에 불을 붙이고
마른 흙에서 물을 얻듯 살아 온 이승

우리는 어느 곳에서 저물어, 다시
어느 가지에 앉아 꽃이 되고
인연의 별을 만들까

변방 일기

그늘지고 습해서 퀴퀴한 어둠

후회의 과거와 불안의 미래
그 언어의 변두리에 가지 않을래

도움닫고
기뻐하고
튀밥처럼 튀어올라 웃어 제끼기
맞 받아 치면서
햇살 내리는 저 창공을 향해

세상사, 이기지는 못해도
굽히지 않고 절대 지지 않을래

좁은 골목
오르막이라도 좋으네

해 밝은 동네
기쁨의 변두리에서 살아 볼래

꽃, 산, 세상

– 40여년 교직에서 퇴임하시는 초등학교시절 스승께 드림

우리가 꽃이기 이전에
까망 꽃씨일 적에
당신의 깨우침으로
색색의 어여쁜 꽃들이 되었습니다

우리가 숲이기 이전에
여리고 순한 가지일 적에
당신이 거루고 가꾸신 덕분에
울울창창 숲을 품은 산이 되었습니다

알록달록 크레파스같던 우리들의 꿈이
당신의 손길에 이끌리어
님의 생애를 디디고 서서
큰 그림으로 세상에 걸리었습니다

이제 해님이 강둑에 서신
아름다운 님이여!
여리딘 영혼과 살아오신 사십여년!
님은 꽃이 되셨습니다
님은 산이 되셨습니다
님은 큰 그림으로 세상을 다 안고 사십니다

기적

세상은 갈수록
각양이고
각색이라
복잡하고 미묘하고
변화무쌍하여
팔풍*에 흔들리지
말아야지
아무 것도 아닌 것이
대단한 또아리나
뽑히지 않는 옹이가 되고
맞고 틀리고 재는 잣대는 없어
정신 줄 단단히 잡고
정진에 힘쓰면
상락아정*의 정원에 닿으리라
삼백예순 날
수십 번 온전히 살아 낸 것이
기
적
이
다

* 팔풍 : 마음을 흔들어 움직이는 8가지현 이(利, 예(譽) 칭(稱),락(樂), 쇠(衰), 훼(毀), 기(譏), 고(苦)
* 상락아정 : 열반(涅槃)의 네 가지 덕(德). 영원하며, 즐거우며, 능동적으로 자재(自在)하며, 번뇌의 더러움 없이 청정한 덕을 이룸을 뜻함

최지인

2006년 월간 《시문학》 등단
시집 『오래된 약속』
E-mail : sangyeo65@hanmail.net

봄은

채지인

다만 그 때 살풋 들여다보이던
그녀의 눈부신 속살이
오늘 온 산에
아찔한 향기로 덮였습니다
속수무책
봄은 그렇습니다

봄은

발을 헛디뎠는지는 모르지만
징검다리를 건너다
그녀가 내게로 무너졌을 때

차가운 물에
내 발목 적시는 건
아무 일도 아니었습니다

다만 그때 살풋 들여다보이던
그녀의 눈부신 속살이

오늘 온 산에
아찔한 향기로 덮였습니다

속수무책
봄은 그렇습니다

칠월

장마가 지나간 뒤
장독대가 참았던 숨을 내 쉰다
말갛게 들어와 앉는 하늘
구름 몇 점 흘려 놓고
멀쑥멀쑥 키만 커서
잡초더미에 휩쓸렸던 맨드라미
빨간 닭벼슬꽃 발돋움이 기특하다

마당을 가로지른 빨랫줄엔
햇살 서너 폭 몸에 두른 모시 홑이불
가끔 처마 밑으로 흔들리는 그늘을 부르고
한 몸으로 포개진 고추잠자리
머리꼭대기에 얹은 바지랑대
붉어진 얼굴 괜시리
툭, 투둑, 툭,
풋감을 솎아
여름을 덜어 낸다

영혼이 따뜻했던 날의 기억

비 맞고 들어와
괜시리 서러웠던 날처럼
길 위에서 방랑의 끝을 기도할 때
흙돌담 너머 가만히 부르던 손짓
아가 다리 아프쟈 어여 쉬었다 가아
이방인의 까무룩한 선잠을 다독이며
달그락 달그락 사부작 사부작
흐린 수묵화처럼 매캐한 저녁이 스며드는 부엌
한숨 달게 자 두지 왜 나온 거여
허기를 다독다독 잦히는 부뚜막
세월의 때가 말라붙은 우묵한 뚝배기 속
서너 해 묵은 된장 몇 숟가락에
쪼글쪼글해진 감자 몇 알 숭덩숭덩 썰어넣고
손으로 툭툭 잘라 넣은 고추
손바닥 위에서 뭉텅뭉텅 썬 두부까지
설설 끓다가 보글보글 자작자작 졸아 들어갈 때
화르르 타오르다 사그라지는 아궁이 불길 앞에서
손 잎맥 마르듯 젖은 시간을 말릴 수 있었던
무어라 말할 수 없는

노을에 대하여

노을은 늘 외할머니
붉게 짓무른 눈가로부터 시작되었다

며느리의 산통이 길어지다
고추 단 손자를 잃고 난 뒤
제삿날이 다가올 때면
유독 길어지던 탄식

그럴수록 아궁이 앞에 더 오래 앉아
가슴 속 노을을 태우며
몇 번이고 젖었다 말라가던
외숙모의 부지깽이

이번에는 꼭 병원에서 아일 낳고 싶다는
아내의 간곡한 부탁을
어머님 눈치 보느라 외면했던 미련함에
저녁안개 웅크린 밭둑을 서성거리며
손끝에 노을을 지피던 외삼촌

그러거나 말거나
철없는 연년생 계집애들은
온 마당을 휘젓고 다니다
장독대 둔덕 꽈리를 훑어
입속에 까르르 노을을 터뜨렸다

언어의 집
– 어머님의 가계부

천식으로 밤을 설치는
노모의 머리맡에는
휴지통과 가계부가 나란히 놓여있다

쿨럭이는 어둠의 입자로
침을 묻혀가며 기록한 세월들이
반들반들 손때 묻은 몽당연필에 스며있다
저나세 계돈 수퍼마게 참지름 수새미 이우제부주
장독대덥게 하이타이 누네약 고치장거리 아들이 준 용돈

자식들이 준 돈은 쓰기 어렵다시더니
삐걱거리는 관절 같은 당신의 시간 속에서도
자식을 향한 일에는 곳곳에
마음을 곧추세운 뒷모습이 보인다

굴곡진 생의 마디마디에 밑줄을 긋고
한 자 한 자 정서를 하다 그만
연필을 놓고 말았다
정작 당신의 서툴고 뭉툭한 말들이
한데서도 내 새끼들을 무사히 보듬고 키워 낸
치열한 삶의 맞춤법이었음을

노모의 머리맡에는 날마다
풍성한 잔치가 벌어지는 언어의 집이 있다

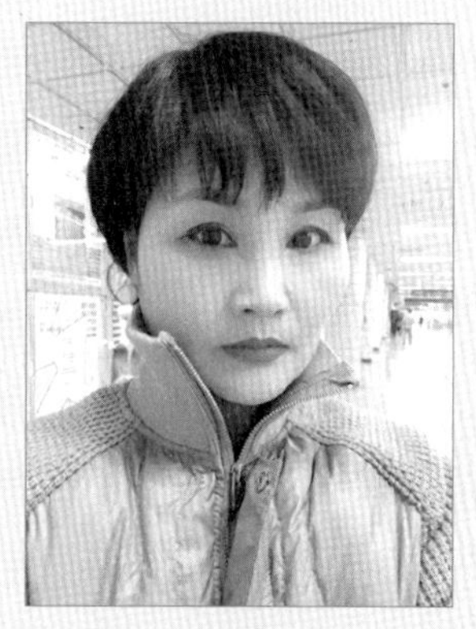

고훈실

2010년 월간 《시문학》 등단
시집 『3과 4』
E-mail : Kosu89@hanmail.net

내 리아스식 연애

고훈실

내게 깊숙이
파고 들어오는 걸 몰랐다
내향성 발톱처럼 욱신거리는
브라보콘 밑동처럼 위태로운
한 이미지 안의 낯선 침강

내 리아스식 연애

내게 깊숙이
파고 들어오는 걸 몰랐다
내향성 발톱처럼 욱신거리는
브라보콘 밑둥처럼 위태로운
한 이미지 안의 낯선 침강
바닷물이 밀려들자 내 수평선이 잠겼다
더는 젖은 귀에 뭍이 차오르지 않는,
나를 양식하기에 좋았다
바다를 두루마리로 접어 심지 안에
식어버린 눈동자의 무덤을 만드는
버릇이 생겼다
패총같은 연애의 용도를
폐기 처분한 뒤
우린 자기 안의 껍데기에 자주 베였다
수면으로 들어온 산 능선을
지그재그로 물어뜯는
파도의 흰 이빨
제멋대로 나를 읽어버린
바다의 주름 진 난입
해안선이 깍일 때마다
우리의 환상은 분할되었다
은밀한 곡선들이 내장을 드러내고
자기 안으로 말려 드는
그 순간까지도

론다의 소

가장 오래 죽은 소가 제일 맛있는 소가 된다
자기 생을 조준한 분노로 투우는 날뛴다
어미 소의 자궁을 떠나 무릎 꺾인 순간
평생을 따라 올 투창을 예견하며 첫 울음을
울었다 뿔을 갈고 이마를 다치고 씩씩거리며
싸움의 기술을 익혔다 론다의 절벽으로 계절이 오르내리고
자라는 만큼 겁도 커졌다 순한 눈으로 뒷걸음치면
불구의 신이 채찍을 갈겼다
죽을 수도 살 수도 없을 때* 소는 빨간 장식을
얹은 채 투우장에 들어선다 제일 유능한 투우사는
빨리 죽이는 자가 아니라 오래 죽이는 자
염통에 꽂힌 여러 개의 창이 소를 끌고 다닌다
소가 뿜는 고통이 투우장을 달구고
비틀거리다 벌떡 일어나는 죽음의 이음새
엔진 꺼진 차처럼 소가 쓰러진다
뒷문으로 도망 간 겁쟁이 소보다
훨씬 비싼 값에 싸움소는 팔려 나간다
오랜 고통이 그의 육질을 부드럽게 했다
오랜 분노가 다짐육처럼 그를 칼질했다

* 김이율 책 제목에서 따옴

바다를 견인하다

세상의 모든 바다는
연결돼 있다
붉은 숨이 매양 봄을 불러오듯

대서양의 끝
까보 다 로카에서
야생의 절벽을 뛰어내린 다육이 씨앗

플라스틱 물병에
걸터 와 지구 반대편에 싹을 틔우는데

동백섬 한 켠
나무 의자 아래 앉은뱅이로 번져가는
푸르고 도톰한 속수무책들

나는 발끝을 들어 올려
바다의 테두리가
한 방울이라도 끊어질까

겸손한 발끝으로
쥐가 나도록 견디고 있다

멀어지세요

스마트 폰을 연다
멀어지세요 화면에서 멀어지세요

세상에서 멀어져야 하는 것들의
목록을 센다 나 이후
나 이전의 것들을 떠올린다

멀다와 지다 사이에 있는
크래바스
위독한 집들이 투명한 가위에 잘릴 때
가위 가장자리에 거미가 묻어 있는

그 사이로
토끼 인형이 떨어지고
빨간 빨래집게가 부박하고
마그리트의 중절모가 낙하한다

이야기를 할 수 있을까 섬광 아래처럼
서로에게 어두워져서
5G의 속도로 비켜가는 여기에서

비를 맞는 개가 있고
공터 밖 사물들, 똑같은 나무 한 쌍
비에 파인 웅덩이

멀어지기 위해 가까워지는 것들이
하루살이처럼 얼굴에 부딪힌다

꽃주의자

이제 그만 뒤꿈치를 내려놓는 건 어때
톱니 잎사귀를 가진 민들레와 시끄러운 정모를 하는 직박구리에게
행인을 부탁하면 어떨까

미용실 입구 모퉁이에
뒤꿈치를 들고 서있는 뽀리뱅이 한포기
미용사를 만나면 다크브라운으로 지워지는 시늉,

눈에 띄지 않는 유일한 방식으로
뽀리의 안간힘이 배열된다
앞머리 자른 바람이 제멋대로 부는 동안 뽀리는
흐리고 가늘게 최대한 얇게

모퉁이에 숨어 천진해지는
향기 따위엔 관심 없이

중화제를 바르고 컬들이 익기를 기다리는 시간
노란 뽀리 꽃이 하얗게 센다
가둘 수도 잡을 수도 없는 위치에서
언젠가 보았던 흐릿한 여자처럼

양서류의 영토에
희끗하게 부푼 헬맷 몇 개

눈이 낡은 사람들이 그 앞을 지나간다
지워지는 것은
지워지는 것에 도달한다

번외의 꽃들이 빠마약 냄새처럼
골목마다 번져갈 때

이효애

2012년 월간 《시문학》 등단
시집 『그 틈, 읽기』 외 2권
E-mail : Eagle4716@hanmail.net

NO. 1

오후, 잠시

- 이효애

한낮을 잠시 빌려 바람을 베고 누워
마음을 헹구는 나는
귀중품을 끌어안듯 잠시의 물소리와
잠시의 바람소리와
잠시의 하늘을 간직한다.

20×10

객기

밭고랑마다 삭은 뼈들이 박혀있다
수 년 동안 나의 생명체 같은
내 영혼의 일부로 자리매김한 텃밭
그러나 관절 마디마디로 슬픔이 녹아내린다

부는 바람에 잎 떨어지듯 내 안의 녹지가 흔들린다
바람 든 무처럼 뼈마디로 부는 비명 농토로 스민
나를 나무라기라도 하듯 오뉴월 장마를 목에 건 잡초
술래의 팔목에 차임 벨 달아준다

골수가 서 말이나 빠져나간 관절로 굴절 된 시간을 채운다
어느 하나 소홀할 수 없는 충만한 순간들
빈 깡통 소리나는 관절을 향해 슬픔 토해낸다
허리를 펴려 일어서는 시간이 며칠씩 걸리는 나를
물끄러미 바라보는 흥청망청한 잡초들의 수다
장밋빛인,

햇볕 알갱이들이 흩어 앉아 성긴 나를 도시로 내몬다
나의 객기는 아무래도 여기까진가 보다

오후, 잠시

정수리로 쏟아지는 뙤약볕을
수풀을 이룬 상수리나무가 막는다
느닷없는 나절
상수리 나무 이파리에 누워
하늘 올려다 본다
하늘빛으로 무르익은 나뭇잎 사이로 볕은
낮별로 떠
실크로 휘감기는 바람의 결 사이를 누빈다
한낮을 잠시 빌려 바람을 베고 누워
마음을 헹구는 나는
귀중품을 끌어안듯 잠시의 물소리와
잠시의 바람소리와 잠시의 하늘을 간직한다

머릿속 실타래 같은 상념을
물소리와 바람소리로 가득 메운
도심변방의 한적한 쉼터
비우고 난 머릿속 파란 이슬 맺힌다

불면

밤을 켜 놓고
잠으로 가는 주파수를 맞춘다
앞으로 뒤로 아무리
안테나를 돌려도
잡음만 무성한,

차라리 켜지나 말걸…

그녀의 솜사탕

공휴일 오후는 길다
어쩌면 희망 사항이었을지도 모를
공휴일 오후에 대하여 밑줄을 치고
어수선을 떨었던 시간들을 빼고 나눈다
헤쳐 모여로 수없이 얼 차려를 했던 어제의 시간들이
오늘로서 과거가 된 밑줄 아래
몇 조각의 시간이 달달한 댓글이 되어
공휴일 오후의 여백을 메운다
밍밍한 오후가 시간의 껍질을 베껴
눈꺼풀로 내려앉는다

지구별을 떠돌다 온 그녀
공휴일에는 달콤한 솜사탕을 먹는다

김 예 진

2014년 월간 《시문학》 등단
시집 『게스트하우스』
E-mail : kyj3@hanmail.net

능소화

김예진

한 장 한 장
피 흘리는 골목
꽃잎처럼 포개진다
하늘이 붉게 찢어지고
고개 숙인 내 마음이
하얀 밤에 내리는
이슬비에 부슬부슬 젖는다

능소화

누군가 오고 있다
오래전에 그쳤던
그리움이 돌아오나 해서
불긋불긋
고개를 내밀었는데
그가 신고 온
신발이 바람이었을까
끈도 풀지 않고
내 앞에 섰다가 그냥간다
마지막 종소리
불속에 던져졌던
내 몸이 점점 꺼져간다
한 장 한 장
피 흘리는 골목
꽃잎처럼 포개진다
하늘이 붉게 찢어지고
고개 숙인 내 마음이
하얀 밤에 내리는
이슬비에 부슬부슬 젖는다

수조의 계절

어항보다 더 자라지 못하는 계절은 출구가 없어 세찬 강줄기도 철썩이는 파도도 없다 먼 우주를 떠돌던 적막이 내 핏줄 속으로 흘러든다 고개 들어 하늘을 올려본다 별은 보이지 않고 어느 겨울에 보았던 너의 맑은 눈빛이 슬픔처럼 떠있다

한 송이 꽃을 이마에 얹고 눈을 감는다 아주 깊은 환상,

한척의 배가 되어 어리석은 적막을 품고 물이 차는 잠 속에서 해저를 달리는 꿈으로 가 흰빛바다와 고래를 만나는 상상, 나를 담고 놓아주지 않는 그 여운을 못 이겨 모로 눕는 계절, 내 안에 아슴아슴 피어나는 물안개가 빈 가슴을 덮는다

절간집

가난한 회백색과
어둔 자주색을
섞어놓은 듯한 적막
한줄기 달빛도
없는 공간에
산부엉이 간간이
귓가를 다녀가는 정도
기울어진 촛대와
녹슨 자전거
포도알 자욱한
고양이 눈알로
젖은 열매를 키우는
늦가을 장마
다시 오지 못할
시끌벅적한 서랍장
젊은 목선을 끌던
손목의 굵기와
배흘림기둥 아래
웅크린 시간들

김검수

2017년 월간 《시문학》 등단
시집 『간토기 앞에서』 외 다수
E-mail : dchmotor@hanmail.net

NO. 1

산복도로

김경수

바람에 길을 묻는다 숨소리조차 들리지 않는 혼돈의 밤은 어둠을 껴안고 지나간다. 까마득하게 가고 있는 천마산 비탈길은 어둠을 짓밟는 구둣발에 갇힌다 좁은 어깨를 맞대고 살아온 모로누운 영혼들이 쪽방마다 허리를 서로 기대고 있다. 기적을 다해 벗어난 비탈길

20×10

산복도로

바람에 길을 묻는다
숨소리조차 들리지 않는
혼돈의 밤은
어둠을 껴안고 지나간다
까마득하게 가고 있는 천마산 비탈길은
어둠을 짓밟는 구둣발에 갇힌다
좁은 어깨를 맞대고 살아 온
모로 누운 영혼들이
쪽방마다
허리를 서로 기대고 있다
기력을 다해 벗어난 야윈 비탈길
눈물을 겨우 말리고 있다

휴지론

두루마리를 풀 때마다
어쩔 수 없는 고뇌에 망설인다
백색 회로는 지상의 문을 연다
빈 가슴으로 밟는 경쾌한 스텝
부드러운 말을 삼키는 비명들이
대기권에서 이탈한 채 돌고 돈다
물 머금은 이별이 뜨락으로 낙하하는 동안
한 폭의 탱화가 윤회하는 입술에 매달린다
황량하게 치솟은 낮달 혼자
허공에서 밀어내는 꿈을 펄럭인다
검은 그림자를 잘라내는 메아리
쓸쓸한 길목의 낮달이 된다
세상의 얼룩을 지우는 절대고독
현과 현 사이를 넘나드는 소용돌이는 검푸르다
어쩌다 위안을 찾아 배회하는 나는
가냘픈 손가락으로 투박한 가슴을 헤집는다
점과 점을 잇는 선들이 정점으로 감아 오를 때
두 손을 모아 나의 정결한 사유를 가지런히 당긴다
나의 소리를 꺾은 울음을 거두고
공명을 향한 나의 지향 점은 괘를 뜨지 않는다
뜬금없는 음색은 무수한 빛으로 번진다
익명으로 흩어지는 난무하는 손짓
나는 천천히 젖은 소리를 찾아 귀를 세운다

시간은 지평 너머에 있다

느닷없는 침묵이 된 너는
변두리를 서성이는 삭은 파문이다
전시실에서 걸어 나온 가을 잎새 같은
하얀 면사포다 숲을 지나
언덕 너머로 사라지는 솜구름이다
짐승처럼 나는 발톱을 세우고
솜구름 한 자락을 깔고 앉는다
네가 사라진 쪽으로
늑대울음 같은 울음을 운다
울음을 타고 오는 오색 솜구름
붉은 노을에 날개를 단다
검은 테가 뚜렷한 안경 너머로 너는
사라지는 듯 사라지지 않는
서녘 하늘을 송두리째 차지한
아늑한 울림, 알타미라동굴이다
회오리바람에 날아갈 듯
날아가지 않는 옷자락이다

재개발지대 2

벽을 등지고 살아온 욕망은
무수한 아라베스크를 그리며
두 개의 얼굴에 부딛친다
바람을 몰고 와 흩어지는
귀가 잘려나간 소리는
가파른 지붕을 타고 오른다
실핏줄이 번져나간 늙은 골목길은
퇴락한 입술을 날름거린다
두꺼운 가슴들이 무너진 쪽으로
살아나는 기억 몇 토막
치켜세운 미세먼지에 눈이 시리다
새벽 달빛은 차라리 젖은 가슴에 뜬다
건장한 사내들이 달려가고
건조기 버튼은 하염없이 무너진다
벽돌을 머리에 이고 신음하는 여인들
저마다 한마디씩
포클레인 이빨에 깨진다

에드바르트 뭉크의 겔러리

끊임없는 절규는
전시실 벽을 타고 흘러내린다
일정한 간격을 끌고 당기며
밀물 썰물이 오고 간다
다섯 개의 쓰나미는
시계바늘의 분침을 헤아리며
시침을 아득하게 눕힌다
유성을 끼고 흐르는
감내할 수 없는 시간여행이 지속 된다
아득한 풍경들의 소용돌이가
내뿜는 폭풍 속의 기류를 탄다
유년의 다갈색 목청을 뿌리며
안개 자욱한 저녁하늘을 실어나른다
구리빛 노을의 분수대가 뜬다
포구는 잠시 숨 고르는
주황색 바람을 몰아온다
붓 한 자루에 걸린
팔레트 한 마당의 향연이 깊다
저어새들이 둥지를 나르는
달빛 은근한 소리의 바다
그 그리움이 아늑한 물결에
수만 기억의 울음이 탄다

정 성 환

2017년 월간 《시문학》 등단
시집 〈당신이라는 이름의 꽃말〉
E-mail : richboy79@hanmail.net

No.

동백 꽃말

정성환

제 몸 열어
가진 것 다 내어 주고
빈 몸 되어
길 위에 누워 있는 동백

눈시울 붉던
어느 한 생애처럼

20 X 10

나침반

지천명 오십을 넘어서야
조금씩 알게 되는 것들이 있다

반짝반짝 큰 별에 가려
잘 보이지도 않는 나를 멀리서도
단박에 찾아내는 사람이 부모라는 걸 알게 된다

부모도 길 잃지 않기 위해
매일매일 흔들리며 극과 극을
살았다는 걸 알게 된다

밀려갔다 밀려오더라도
그 자리 버티고 서 있어야
자식 입에 밥 들어간다는 걸 알게 된다

자식만은 상처 하나 없이
깨끗한 희망으로 키우고 싶었다는 걸 알게 된다

지긋지긋한 자식이 그래도
유일한 삶의 방향이었다는 걸 알게 된다

마음이 아플수록 알게 되는 것들이 있다

나물 털털이를 먹다가

나물 털털이 한 입에
몸 속 깊이 봄 하나 눈을 뜬다

늙어서는 제 속보다는
남 속이나 채우는 털털이가 되고 싶다

나물 털털이는 쪘을 때
털털 떨어져야 먹기 좋다

봄나물이 서로 붙어있을 정도면
딱이다

돈이든 지위든
너무 찐득하게 매달리지 않고

참으로 아무 것도 아닌 채로
미련 없이 떨어져야 보기 좋다

그러다 속없이 가벼워져서
내 마음이 지어낸 것까지

털털 털어낼 수 있다면
매일매일 좋은 날이겠다

사랑을 이겨내는 일

당신마음
하나 둘 하나 둘
헤아리는 밤
잠은 오지 않는다

그대가 풀어놓은 양들을 세며
기다리는데
잠이 끝내 오지 않았다

별빛 지쳐갈수록 그리운 체온
나는 양들을 그저
깊이 안아주었다

가슴 속에
누군가 집 짓고 살다가
스륵
허물어버리면

사람은 가고
양떼만 수북이 쌓이는데

양 한 마리 양 두 마리 양 세 마리
빈방에 남겨진 양들을 따라
나는 깊은 밤을 넘는다

동백 꽃말

제 몸 열어
가진 것 다 내어주고
빈 몸 되어
길 위에 누워 있는 동백

눈시울 붉던
어느 한 생애처럼
온 몸으로 지난 시간 껴안고
한 획 두 획
길 위에다
마지막 편지 쓴다

작은 불씨 하나 품고
두근두근
남쪽 지심도 건너가는 저 붉은 꽃
지는 모습이
가는 뒷모습이
더 아름다워라

등 맞대고 한통속으로
피었다가
끝내 시들어도
그대 곧 그리울 거라
울먹울먹
배웅길 온몸으로 불 놓는다

가슴에 한번
들어앉은 사랑
좀처럼
떠나지 않아라

하루만 산다면

지상에 내려와 하루만큼만 살다가
어둑어둑 한밤중에 떠나야 한다면
그리하여 미치도록 오늘 가득 피어야 한다면

나는 결코 연약한 종족의 여린 피는 마시지 않으리
이왕이면 뜨거운 불 뿜어내는 하루 1440분치
심장 달고 설레는 새벽 깨우리라
일어나 제일 먼저 살아 있음에 감사기도 받치리라

시간 없다고 조급해하지 않고 영원한 듯
화초에 물도 주고 꽃씨도 받아
잠든 아이 머리맡에 향기로 심어 놓으리라

그런 다음 이름만 불러도 힘이 되는 아내 위해
따뜻한 밥을 지어 올리리
그동안 그대에게 준 사랑이 너무 부족해서 미안했고
끝까지 머물러 주어 감사하다 고맙다 행복하다고
고백하리라

바람이 순해지는 오후에는
고요한 내 영혼 위해 침묵으로 숲길을 걸어보며
살면서 지었던 죄부터 미처 용서하지 못한 것들까지
참회의 눈물 흘리며 원망 버리고 평화만 갖으리라
슬플 때나 아플 때나 절망하지 않고 살아온 스스로에게도
활짝 웃어 주리라

24시간 86400초가 찢어지도록 붉게 솟아올라
주고 싶은 거, 하고 싶은 일, 보고 싶은 사람 남기지 않기 위해
보낸 후에 되돌아보는 어리석은 사람이 되지 않기 위해
현요히 지혜로운 사람으로 한 번쯤 살아보리라

어둠에 숨지 않는 별들을 모아
따뜻한 저녁 불 지피고 멀리 나간 친구들을 불러
붉은 포도주 흥겹게 나누리라

그리움마저 버리고 갈 시간 되면
마지막 시간 조금 아껴서
세상에 잠시나마 살다 가게 해 주신 하느님 축복에
가장 가난한 기도 올리리라

그리고 이 세상에 올 때처럼 둥글게
몸을 말아서
어머니, 아버지 나지막이 불러내
꼭 안아드리며
물려받은 사랑 후회 없이 다 써버렸다고
말씀 드린 다음
꿈꾸듯 소멸하면 좋으리라

윤유점

2018년 월간 《시문학》 등단
시집 『나의 인생의 바이블코드』 외 다수
E-mail : stoneyoon@hanmail.net

진눈깨비

윤유점

노천 식당에서 밥을 먹는다 그릇 속에 파고든 눈발은 혼자 깊어간다 옷을 몸에 맞춘 날것은 금방 방전된다 그래, 눈발에 젖어 축축했던 음악 모두 말라버리고 배알 꼬이며 살았던 한평생 옷 속에 숨어있던 숨을 토해낸다

송곳

첫 번째 허구는
인수합병 때 만들어진 것이다
두 번째 허구 또한
가족이 흩어졌을 때 만들어진 것이다
세 번째 허구
황달 앓을 때 만들어진 것이다
당신
싸늘한 크레인 꼭대기에 섰을 때
바지는 흘러내리고
허리 뒤집어지고
확성기를 귀에 꽂았다
당신 또 다른 허구를 내기 위해
네 번째 다섯 번째 사이에 허구를 들이댔다
세상과 동떨어져 세상을 모르던 당신
겨울밤의 별처럼 가장 높이 떠 있었다
날카롭던 송곳날 녹슬고
영원히 풀 수 없는 질문을 던진
허공 가득하게 던진
질문은 질문 속에 묻혀버렸다

진눈깨비

노천 식당에서 밥을 먹는다
그릇 속에 파고든 눈발은 혼자 깊어간다
옷을 몸에 맞춘
날것은 금방 방전 된다
그래, 눈발에 젖어 축축했던 음핵
모두 말라버리고
배알 꼬이며 살았던 한평생
옷 속에 숨어있던 숨을 토해낸다
날카롭게 부서지는 눈발
껍데기를 벗어던진 날은 숨이 차다
조간신문에 여백을 채운
그 껍데기 얼어붙은 침묵으로 돌아본다
누더기는 몸을 감싸고
생의 정점에서 몸부림을 벗어 던진
목숨이란 한갓 진눈깨비 같은 것
노천식당에서 숟가락질을 한다

역설, 모자이크

비로소 숨소리가 들리고
어둠은 머뭇거리며 다가선다
생살을 파고드는 무딘 감각이 의문을 던지며
끊임없이 파괴되는 역설
더 이상 고통 받지 않는다
사내의 눈은 저 혼자 번득인다
손깍지를 낀 나무들 사이로
없음의 상형문자가 날아든다
에메랄드 전구를 분쇄기에 갈아버리고
색소 결핍증으로 하얗게 바랜
나무의 살갗을 정원사가 벗긴다
감정 없이 증발되는 어둠을 따라
소멸하는 빛은 손바닥 가득하다
모자이크 처리되는 수상한 얼굴들이 지나가고
스쳐가는 육신의 세계로부터 하늘을 찢는다
일곱 개의 차크라 빛이 나무의 몸 밖을 생각하며
가로등 사이로 반짝인다
나무들은 눈꽃 조명을 덮어쓰고 도열한다
레온사인 출렁이는 거리 킹과 퀸은 전광판에 박힌다
밑장을 뽑아 올린 에이스카드는 날카로운 비명을 지르고
창밖을 응시하는 눈빛이 도전적이다
흘러넘치는 빛의 고독을 인식하며
도시는 영속되지 못하는 꿈을 뒤척인다

폴라로이드 사진

하나의 생명이 살아남는 순간
잿빛 얼굴은 숨결을 불어 넣는다
수정체 속에 박힌 찰나가
무성 생식하는 추억을 배양하고
맥락에서 사라진 양식은 멸종된다

검은 햇볕에 반응하는 동작은 착취되고
투명한 생명은 또 다른 세포를 모아 핏빛으로 물든다
노출된 피사체는 존재 속으로 순간이동하며
초점에서 사라진 설산을 붉은 사막에서 목격한다

인화된 풍경은 구도의 길을 떠난다

밝은 조명 속에서 광대뼈 솟아오른 얼굴이 채색되고
끊임없는 기억은 먼 미래를 지난다
익어가는 것과 시들어가는 것의 사이에서 좌표를 긋는 바람
눈물을 읽는 순간은 적막이다

매직 숍은 아직 문을 열지않는다

무수히 밟고 지나친 길에서 첫발자국의 기표를 찍고
시간의 틈을 빠져나가는 은발을 물끄러미 바라본다
영상이 출력되는 동안 살갗은 그물로 엉클어진다
창밖에 유성비가 흘러내린다

울트라 마린 블루 여행기를 읽다

한 권의 책이 삭제되면
한 잔의 커피향도 흐려진다
빛을 잃어가는 가로등이 눈을 비빈다
별의 행로를 지켜보는 허블망원경
폐쇄회로에 점이 찍힌다
수많은 언어와 중력을 잃은 상념이 하늘에 뜬다
별이 태어나는 끝자락에서 폭발하는
가설과 증명 사이 나는 푸른 밤이 된다
응급 처방하는 내 욕망은 소멸되고
울트라 마린 블루 무의식의 여행기를 읽는다
낯선 얼굴에 내 무력한 시선은
바다 저편에서 무한천공을 떠도는 섬이 된다
파도와 구름 사이로 붉게 충혈 된 하늘은
위로할 수 없는 시간으로 끌려가고
하얀 붕대를 감은 글자들이 불탄다
기억할 수 없는 잔해들이 머릿속에서 맴돈다
나는 시공에 채널을 고정시킨다
눈물이 말라버린 하늘은
죽음보다 깊은 푸른 별을 간직한다

최순해

2019년 월간 《시문학》 등단
시집 『내 방이 생겼다』 외 3권
E-mail : umi0614@hanmail.net

<시>

모시 저고리

최순해

빛 고운 햇살
까만 등판에
고관절뼈 반죽으로 분칠을 한다

살갗이 하얗다
빛의 무게에 짓눌린 구겨진 어깨가

20×10

하얀 저울

무게의 경력을 반납한다
달고 재는 일로 이력이 난 나는
숫자 하나를 지우며
몸을 살짝 올린다
한 발을 들고 셈을 하며
마법 같은 한 발이 눈금 하나 물고 간다
역동에 파르르 떠는
반전에 역술을 꾀하며
감상적인 은유로
엑스라인을 애호愛護 한다
모체의 뱃속에서
지문을 지우는 삐걱거리는 소리
세상 하나 검불에 사른다

모시 저고리

빛 고운 햇살
까만 등판에
고관절뼈 반죽으로 분칠을 한다

살갗이 하얗다
빛의 무게에 짓눌린 구겨진 어깨가
십 년은 더 저문다

손바닥으로 등을 두드려
정성스레 밟으며
십 년은 더 푸르다

잎들이 갈무리하는 사이
새 한 마리 갈대숲에서
허우적대고
한 입 가득
햇살을 다리미질 하는 손을 만난다

무중력

소용돌이치던 연령은
탑승한 언어를 털어버린다
꿈이 나뭇가지에 걸린
토씨 하나 건진다
수다로 채워진 가슴 한 가운데서
불타는 울음
안으로 삼키며 우수에 빠진다
뱉어낸 어휘들이 날개를 치면
입술이 하얗게 바래어진다
나는 말의 고리를 좇아
사유와 이상을 들어 올렸다

역동하는 손

나는 항상 탈출을 꿈꾼다
어머님의 배꼽은 너무 어두워
가려워지는 날 반드시 비가 온다
어머님이 날 낳으실 적에 눈섶을 주고
오늘이 지나 내일이 오늘일 때
눈섶은 자란다
시간이 초연히 흘러 엄숙의 경계 속으로 섞여
그리움의 싹이 트면
난 어둠 속으로 들어간다
세상을 비춰 주는 얼굴을 떠 올린다
가슴을 부풀게 하면 나를 키운다
용트림을 막고
몰려드는 구름떼를 휘저으며 나를 자라게 하고
살갗이 터지고
세상을 태우는 만삭으로
나는 당신을 깨운다
기다림은 창문을 노크하는
바람에게 살며시 기대며
경건함을 부정하지 않는다
내가 태어나는 날 자궁이 열리고
하늘 한가운데 만월을 단다

그리움의 흔적

가슴 하나
달팽이처럼 키웠다

떨림이 오면 쑥 끌어당겨 들이는
알 수 없는 그 속
애오라지 껍데기에
굳은 표정 밖으로 내밀며
더듬이로 남몰래 보는 세상은
반주로 가슴을 설레게 한다

물컹한 껍데기 속
태양이 한 바퀴 돌아
머리끝이 희끗해도
내 안의 홀은
아직 새싹처럼 푸르다

청정한 푸른 잎
남몰래 깨물어 본다
살점 하나 떨어진다
마음은 그대로 송송 배달되어
흔적을 지우려 지우개로 문지른다

발표자료

시의 오마주에서 표절까지

김 지 숙

본고는 창작자 혹은 평가자가 반드시 점검해야 하는 창작의 기준과 한계에 대해 관심을 가지고 언급하고자 한다. 기존의 시들이 갖는 상호텍스트의 유사성은 어떤 잣대로 판단하고 어디까지 허용하는 지의 문제를 다루고자 한다. 논의에서 '오마주'는 경의와 감사, '패러디'는 텍스트에 대한 해독이라는 점에 기준은 두었다. '전이'의 기준은 원작 느낌이 드는가, '이식'은 시대적 넘나드는 점으로 당대에는 볼 수 없는 문화적 풍토를 전달하려는 의도가 내포된 점에, '패스티쉬'는 원작이 지닌 맛과 의미를 지니는 한편 제2의 창의성이 드러나지 않는다는 점에 기준을 두었다. 하지만 이러한 기준들은 풍요롭고도 편리하게 언어적 문화를 누리는 현재의 상황에서 마련된 기준이라 이러한 잣대를 당대 현실 작품에 적용하고 평가하기에는 부적절하거나 모호한 점이 없지 않다는 점을 감안하길 바란다.

본고에서 시의 오마주란 자신이 존경하는 시인의 시에 경의를 담아 표하는 방식으로 그 시인의 작품 일부를 대상으로 창작활동을 하는 경우가 있다. 하지만 원작자 쪽에서 자신에 대한 일종의 존경심을 느끼지 못했을 시에는 표절 논쟁으로 번지므로 이러한 기준 점이 바로 원 텍스트에 공을 들여 새로운 창작물의 완성도를 높인다면 시의 오마주로 인정하고 그렇지 않은 경우에는 표절이 된다. 조지훈은 「고풍의상」(1939. 4)으로, 박목월은 「길처럼」「연륜」(1940. 9)을 『문장지』에 발표하여 등단한다. 1940년 경주에 있는 목월을 만나러 간 지훈은 「완화삼-목월에게」(1940)를 목월에게 헌시하고 이에 목월은 「나그네」로 화답한다. 두 작품에는 서로에 대한 아름다운 우정이 담겨 있으며 '나그네'의 원형을 살펴보면, 우선 조지훈의 「완화삼」에서 '나그네'는 선비로서의 지조가 선명하게 드러나는 반면, 목월의 시에서는 유유자적함이라는 서로 다른 '나그네'의 개성이 뚜렷하고 온전하게 드러나 각각의 작품에 대한 완성도가 높다고 하겠다. 개인적으로도 매우 친분이 두터운 사이로 지훈의 경주 나들이에서 촉발된 낙동강 칠백리에는 인연과 추억이 깊이 드리워져 있다. '그름 흘러가는 물길은 칠백리'(「완화삼」)와 '길은 외줄기 남도 삼백 리'(「나그네」)는 흐르는 강물을 택한 소재의 측면에서 무척 닮아 있고, '술 익은 강마을의 저녁 노을이여'(「완화삼」) '술 익는 마을마다 타는 저녁 놀'(「나그네」)에서는 유사한 정도가 확연히 눈에 띤다. 그럼에도 불구하고 목월의 「나그네」에서는 지훈의 「완화삼-목월에게」에서 오마주된 부분을 빼고서도 그의 시는 높은 완성도를 갖는다. 사이 사이에 끼워 넣은 오마주 형태의 구절들조차 작품으로 충분한 완결성을 지닌다. 두 작품 모두 5연으로 10행으로 구성되는 공통점이 있다. 목월의 「나그네」는 지훈의 「완화삼-목월에게」가 시초된 셈이며, 목월의 「나그네」는 지훈의「완화삼-목월에게」에 대한 존경심이 드러난다. 따라서 원작을 적절히 인용하여 새롭게 작품을 재탄생시키는 '오마주' 시가 완성된다. 이러한 오마주 형식의 시는 기존의 창작물을 모방한다는 점에서 패러디와 유사하지만 패러디에는 '과장' '풍자' '익살'이 나타난다면, 오마주 시의 경우 '존경' '경의' '감사'의 의미를 내포하므로 본질적으로 다른 개념으로 본다.

라캉에 따르면 '전이(轉移)'의 개념은 〈전이에 대한 개입〉(라캉 1951)에서 처음 사용되었으며 이는 게오르크 헤겔에게서 차용한 변증법적 용어이다. 라캉은 '전이'가 사랑과 증오처럼 강렬한 감정을 띠고 나타나지만 그런 감정이 아니라 상호 주관적인 구조

속에 존재하며, 전이의 본질이 상상적 효과를 낳지만 상상계가 아니라 상징계에 있다고 강조한다. 일반적으로 사용되는 '전이'란 사물이 한 상태에서 다른 상태로 변화하거나 장소 위치를 다른 곳으로 옮기는 것을 일컫는다.

본고에서 언급된 '전이'와 달리 전이란 인간의 감각이 각각 다른 감각 활동으로 이동되어 영향을 끼치는 경우를 의미한다. 하지만 본고에서 사용된 전이의 개념은 대표적으로 자신이 감동을 받은 시에서 자신의 시로 그 내용을 일부 옮겨오는 방식을 일컫는다. 이 경우의 전이는 라캉이 '전이'를 주제로 하는 여덟 번째 세미나에서 플라톤의 〈향연〉을 활용하는 예에서와 같이 '소중한 것을 감추고 있는 상자'에 비유하고 이를 자신이 '안다고 가정된 주체' 개념과 접목시키는 가정에 해당된다. 또한 시의 '전이'란 영향관계에 놓이는 등의 대체로 창작자와 유사한 시공간을 경험한 재창작자의 경우에서만 이루어진다는 가정에서 출발한다. 수려한 외모에 장발 말쑥한 양복차림의 모던보이 백석은 오산고보를 졸업한 후, 우리나라의 곳곳을 돌며 일제치하 우리 민족의 모습을 시로 표현한다. 그는 독일어 러시아어 영어에도 능통하여 도스토엡스키 고골 톨스토이 체호프 등 다양한 러시아 문학가의 작품을 번역하기도 하였다. 한편, 윤동주는 5살 연상인 백석의 시집 『사슴』을 옆에 끼고 다녔을 만큼 백석 시인을 흠모했다. 그런데 이들은 이북에서 태어났고 '서울 생활'을 했으며 '일본 유학'이라는 공통된 삶의 족적을 지닌다. 또한 생활 전반에 대한 감각적 표현과 역사와 현장성에 대한 유사성 민족공동체의 운명에 대한 각인 일제강점 이주 언어혼용 고통 극복이라는 시공간적 상황을 공유했다. 두 편의 시들은 공통적으로 그리움을 다루고 있으며 이를 떠올리는 시적 발상이 각기 다른 매개물로 드러나며 또한 '프랑시스 잠' '라이너 마리아 릴케' 등의 이름을 열거하는 점에서 표현의 유사성을 지닌다. 백식의 「흰바람벽이 있어」에서는 소외된 사람들의 삶에 공감하고 나아가 이들과 연대감을 형성하며 '그리움' '외로움' '쓸쓸함' 등으로 자기의 정체성을 찾는 반면, 윤동주의 「별헤는 밤」에서 화자는 현실과의 거리를 좁히지 못하고 역사적 상황에 적극 대처하지 못한 스스로에 대한 자책과 슬픔이 드러난다. 하지만 화자는 이에 나아가 부정적 현실 속에서 안주하는 자신을 부끄러워하는 반성과 미래에 대한 희망과 의지를 통해 현재의 삶을 극복하려 한다. 이러한 닮은 점들은 일반적으로 시에서의 말하는 '전이' 에서 나아가 동시대를 살다간 시인들 사이에서 일어나는 현상으로 한 시인의 감각적 심상이 다른 시인의 감각적 심상 속으로 옮겨갔으리라는 시공간적 확장의 의미까지를 내포한다.

김억과 김소월은 오산학교에서 스승과 제자로 만난다. 소월은 김억에게 시를 처음 배웠으며 소월의 시창작 노트를 보고 취사선택해서 소월의 시를 발표하였다 한다(오하근) 민요조 서정시의 원조는 김억이었으며 1920년대 당시에는 김억의 인지도가 소월의 인지도에 비할 바가 아니었다 하지만 오늘날 우리 현대시에서 민요조 시의 길을 연 사람으로는 김소월로 평가한다. 특히 초기 시에서 안서의 영향은 소월의 시에서 모방이라는 불가피한 관계로도 읽어낼 수 있다. 김소월의 「못잊어」가 개벽 지에 발표되기 전, 김억의 편지에 먼저 실린다 이들 둘의 정서와 주제가 '님을 못 잊는다' 는 내용을 공통점으로 삼고 있지만 똑 같다고는 할 수 없다. 어느 텍스트가 먼저인지 확실히 알 수는 없지만 둘 관계는 분명 A와 A''처럼 닮아 있다. 또한 자신이 『개벽』(1923)에 발표한 「못잊어」 또한 시집 『진달래꽃』(1925)에 실린 「못잊어」와도 A' A''처럼 닮아 있다. 소월이 요절하자 안서는 『素月詩抄』(1939)를 펴낸다. 우리 민족이 가장 사랑하는 소월의 시의 탄생에는 거듭된 스승 안서가 가필한 노력과 애제자를 향한 사랑의 마음이 담겨 있다는 점을 잊어서는 안되리라고 본다.

임화의 이식문학론에 따르면 이식의 과정은 일방통행이 아니며 자기 문화 유산이 토대가 되어야 비로소 가능하다고 하였으며 새로운 문화의 창조는 좋은 의미든 나쁜 의미든 간에, 양자의 교섭 결과이며 이는 제3의 자(者)를 산출하는 방향을 취한다. 또한 이식의 과정은 정치적 침략의 정신적 표현이기에 제국-식민 관계를 없애고선 이해될 수 없다 나아가 문화 이식이 고도화되면 될수록 반대로 문화 창조가 내부로부터 성숙한다.

본고에서 시의 '이식'은 언어 불모의 시대에 비춰진 개인이 당대의 시대적 의식 속에서 전혀 새로운 시가 창조되지 못하는 상황 속에서 이루어진다는 관점에서 비롯된다. 급작스런 상황 속에서 서구의 영향으로 혹은 전쟁이나 식민 상황 속에서 순차적 문화의 이식이 되지 못하고 단번에 이루어진다.

'하늘이 장차 어떤 사람에게 큰일을 맡기려 할 때는 반드시 먼저 그 마음과 뜻을 흔들어 고통스럽게 하고 뼈마디가 꺾어지는 고난을 당하게 하며 그의 몸을 굶주리게도 하고 그 생활을 빈궁에 빠뜨려 하는 일 마다 어지럽게 하느니라. 이는 그의 마음을 두들겨서 참을성을 길러주어 지금까지 할 수 없었던 일도 할 수 있게 하기 위함이니라'.(天將降大任於是人 必先苦其心志 勞其筋骨 餓其體膚 空乏其身 行拂亂其所爲 是故動心忍性 增益其所不能)(맹자(B.C.3000)

'심원한 지성과 사려 깊은 마음을 가진 이에게 고통과 고난은 피할 수 없다.생각컨대 정말 위대한 영혼은 가장 큰 슬픔을 가졌으리라.'("Pain and suffering are always inevitable for a large intelligence and a deep heart. The really great men must, I think, have great sadness on earth." — Fyodor Dostoyevsky, Crime and Punishment)(도스토예프스키 「죄와 벌」(1866) 중에서)

'하늘이 이 세상을 내일 적에 그가 가장 귀해하고 사랑하는 것들은 모두 가난하고 외롭고 높고 쓸쓸하니 그리고 언제나 넘치는 사랑과 슬픔 속에 살도록 만드신 것이다.'(백석 「흰 바람벽이 있어」)

이식이란 식물이나 문화 매체 등을 원래 발생한 곳에서 다른 곳으로 가져가 퍼뜨리는 현상을 일컫는다. 그 가운데, 문화의 이식이란 서서히 전파되는 것과 전쟁이나 식민지배 등 특별한 계기로 발생될 경우 활발히 진행되며 시간적 공간적 거리를 뛰어넘어 전해지는 현상을 의미한다. 중국의 맹자가 쓴 '하늘이 장차 어떤 사람에게 큰일을 맡기려 할 때는 반드시 먼저 그 마음과 뜻을 흔들어 고통스럽게 하고' (B.C.372-B.C.289) 러시아 태생의 도스토예프스키는 '심원한 지성과 사려 깊은 마음을 가진 이에게 고통과 고난은 피할 수 없다.' (「죄와 벌」1866)고 하였다 또 한국의 백석은 '하늘이 이 세상을 내일 적에 그가 가장 귀애하고 사랑하는 것들은 모두 가난하고 외롭고 높고 쓸쓸하니 그리고 언제나 넘치는 사랑과 슬픔 속에 살도록 만드신 것이다.' (「흰 바람벽이 있어」1936) 위의 3편의 글을 살펴보면 창작 년도나 지리적 공간이 상당히 먼 거리가 있다. 하지만 이들에는 고난을 통해서 남다른 삶을 살아가는 능력이 생겨난다는 공통된 가치관은 '고난' 이라는 체험에서 가져온 표현이라는 점에 주목할 만하다. 이러한 표현 방식은 유사한 삶의 체험이나 가치관의 확립에서 비롯된다.

맹자(BC 4세기)는 40세 이후 각 나라의 군주들을 만나 뜻을 펼치려 했으나, 사상이 받아들여지기는 힘들어 자신의 사상을 실천에 옮기지는 못했으며 생애에 대한 기록은 분서갱유(焚書坑儒: BC 213~206?)에 사라졌다. 그가 살던 시기에는 춘추전국시대의 후반으로 주나라가 조 위 한나라만을 정식 제후국으로 인정한 BC4세기부터, 시황제가 천하를 통일한 BC2세기까지의 중국 역사상 가장 혼란한 시대였다 맹자의 주 사상으로 인(仁)의 측은지심(惻隱之心), 의(義)의 수오지심(羞惡之心) 예(禮)의 사양지심(辭讓之心)을 든다. 도스토예프스키는 27세 되던 1848년 서유럽 혁명이 일어나 정부탄압으로 체포되고 감형 유형의 생활을 하던 중 사회주의나 벨린스키 이후의 혁명적 민주주의에서 벗어나 종교적 관점으로 방향을 전환하게 되고 유형에서 벗어나 위 작품을 집필하게 된다. 백석은 1930년대 일제 식민지 시대에서 공동체가 해체되는 상황을 우려하여 토속적이고 향토적 색채가 짙은 방언을 즐겨 썼으며 외국어에 능통했다. 조선땅과 만주 일대를 유랑하며 사라져가는 사투리 고어 옛것을 소재로 작품 활동을 하였으며 한민족 공동체적 친근성에 기반을 둔 고향 부재의 상실감이 주된 정저를 이룬다. 해방 후 러시아 통역으로 조만식을 도왔고, 이후 부르조아적 잔재로 비판받아 협동농장으로 쫓겨나면서 수년 후 사망하게 된다. 백석 역시 자신이 지닌 역량을 제대로 발현하지 못하고 역사 속으로 사라진 점에 주목한다면, 이들은 공통적으로 굴곡진 시대를 살다간 점과 자신이 지닌 역량에 비해 주어진 역할들은 당대 상황의 지배 구조에서 벗어나 있던 점을 공통적으로 들 수 있다. 따라서 스스로를 다스리고 가치관의 기준을 정하고 주어진 여건 속에서 자신을 위로해야 하며 살아갈 수밖에 없는 상황과 삶과 죽음을 자주 맞닥뜨려야 했으며, 이에 대한 판단과 의지가 이들의 글에 그대로 담겨있다고 볼 수 있다.

한편, 트럼블 스티크니(1874-1904)의 「추억(Mnemosyne)」과 정지용의 「향수」를 비교하면 이 두 시편에 나타나는 공통된 시어로 '바람' '금빛' '누이' '재' '별' '햇살' '불빛' 등이 있고 유사 표현으로는 '감돌아 / 휘돌아' '누른 소 / 얼룩백이 황소' '넓은 들 / 넓은 벌' '금빛 비인 땅 / 비인 밭' '칡빛 머리단 / 검은 귀밑머리' '난로 / 질화로' 등이 있다 하지만 정지용의 시에는 표현상의 미적 원리나 통일작용에서 작품의 가치를 찾아가는 감각적 측면을 중시하는 포멀리즘의 특징이 나타난 점에 중심을 둔다면 이는 또 다른 창의성을 지닌 작품으로 볼 수 있다.(이병렬) 문학이란 역사적으로 개현된 계단과 一新된 사회를 배경으로 탄생하지만 개혁과 자각이 자력으로 수행되지 아니한 곳에서 이식문학을 가지고 그곳에서 독자적으로 成生해야 했을 근대문학사에 대신하는 것은 당연한 일(임화 「개설 신문학사」)' 이다. 따라서 정시용의 시에서는 T.스티크니의 '추억' 을 토양으로 삼았지만 이에 나아가 자신의 고향을 찾고 각인하려는 자각과 자력이 드러나는 점에서 충분히 독창적인 시적 완성도를 갖는다고 볼 수 있다.

미메시스(mimesis)란 '이데아의 세계' 에서 실제로 존재하는 것은 신이 창조한 형태이다. 인간이 자신의 생활 안에서 지각하는 구체적인 사물들은 이 이상적인 형태가 그림자와 같이 어렴풋이 재현된 것이다 본고에서 '미메시스' 의 기준은 원본의 시구절이 다른 작품에서 그대로 드러나 보이는 경우에 해당된다. 위의 시 두 편에서 나타나는 유사성은 확연한 의미의 차이라기보다는 시제의 차이를 드러낸다. '못닛도로 사모차게 생각이 나거든' (김억 「못잊어」)-A '못닛도록 생각이 나겟지요,' (김소월 「사욕절(思慾絕))에서는 '생각이 난다' 는 의미에 중심을 두고 볼 때에 같은 의미맥락으로 읽혀질 수 있다. 다만 '나거든' 이라는 가정적 서술어와 '난다' 는 현재형 의미의 서술어가 사용되었다는 차이점에서 시의 공감대를 끌어올리고 있다 '더러는 니저도 집니다.' (김억「못잊어」) '그러면 더러는 닛치겟지요' (김소월 「사욕절(思慾絕)-B에서는 '니저도 집니다' 잊히는 행위가 현재형이라면 '닛치겟지요' 에서는 미래형으로 표현된 차이점을 들 수 있다. '살틀하게 그립어오는 못니즐 당신을' (김억 「못잊어」) '그립어 살틀이도 못닛는 당신을'' (김소월 「사욕절(思慾絕)) '못니즐' 당신에서는 미래형을 '못닛는' 당신에서는 현재형을 사용한 차이점을 지닌다. 이러한 두편의 시에는 A의 시에 표현된 부분을 B 시에 유사하게 사용된 점을 확인하게 된다.

평소 윤동주는 정지용시집을 평양에서 구입(1936.3)하여 문학수업에 정진했다. 따라서 윤동주 습작기 시들은 상당수 정지용의 시를 닮아 있었으며 윤동주 초기 문학에 상당부분 수용하였으며 정지용은 윤동주의 유고시집 서문을 강처중의 부탁으로 쓰게 된다. 도덕주의적 모더니스트인 정지용의 면모는 윤동주의 시에서

끊임없이 고뇌하는 내적 자아 성찰의 자세로 나아가는 가운데 시적 표현 방식에서는 정지용의 영향을 탈피하게 된다. '머리에다 띠를 띠고' (정지용 「띄」)-A '흰 수건이 검은 머리를 두르고' (윤동주 「슬픈 족속(族屬)」)-B 두 어구에서 드러내는 색깔은 공통적으로 흰색이다 그리고 다만 띠를 두른 것과 수건을 동여 맨 차이가 날 뿐이며 궁극적으로 우리 민족의 순박하고 처연한 삶의 모습을 표현하고자 한 의도는 동일하다. '허리에다 띠를 띠고' (정지용 「띄」) '흰 띠가 가는 허리를 질끈 동이다' (윤동주 「슬픈 족속(族屬)」) 이 부분에서는 허리에 띠를 두른 남자의 모습을 묘사한 것으로 매우 유사한 점을 알 수 있다. '발목에다 띠를 띠네' (정지용 「띄」) '흰 고무신이 거친 발에 걸리우다' (윤동주 「슬픈 족속(族屬)」) 발목에 흰띠를 둘러맨 점이나 하얀 고무신을 신고 있는 부분은 흰색과 발이라는 소재의 공통점을 갖는다. 1923-29년 동지사 대학을 다닌 정지용이나 1942년 입교에서 동지사 영문과로 전입학 한 윤동주 시인은 문학이라는 동질성을 가슴에 품고 같은 언어로 시를 쓰고 동시대를 힘겹게 살아냈다는 공통점을 지닌다. 마찬가지로 A의 시에 표현된 유사구절이 B시에서도 창작의 원형이 드러난다.

한글을 창제한 세종이 그의 아내인 소헌왕후의 공덕을 빌기 위하여 직접 지은 찬불가이다. 훈민정음 창제이후 가장 빠른 시기에 짓고 활자로 간행한 점에서 한글 창제 후 초기의 국어학 연구와 출판인쇄사를 연구하는 데 매우 중요한 문헌이다. 비록 3분의 1 정도만 남은 零本이나 이 책이 갖는 국어학적, 내지 출판 인쇄사적 가치는 매우 높다 시에서 미메시스(mimesis 그)란 예술 창작에 기본이 되는 이론적 원리로서 모방 복제라기보다는 재현의 뜻이 강조된다. 플라톤과 아리스토텔레스는 미메시스를 자연의 재현이라고 했다. 플라톤에 의하면 모든 예술적 창조는 미메시스의 형태로 존재한다. 세종의 「월인천강지곡(月印千江之曲)」-A 은 부처님이 백억 세계에 화신하시어 교화하심이 달이 일천 강에 비치는 것과 같다는 의미를 나타낸다 '천 개의 달이 되어 떠 있다' (정호승 「보름달」)-B에서는 보름달 하나가 천개의 강물 위에 천개의 달로 떠 있다고 하여 월인천강지곡에서 달이 일천강에 비치는 형상의 의미를 확장하여 달의 의미를 강조하고 반복하는 형식으로 표현한다. 이처럼 재현된 의미를 되새기는 작업은 원 뜻의 의미를 살려내기보다는 새로운 의미로 전환하여 원뜻이 얼마만큼 뇌리에서 사라지게 하느냐 혹은 시어의 의미가 전환되느냐에 시적 묘미가 있다고 하겠다. A에서 언급된 시어들이 B에서도 원형을 모방하는 상황으로 표현된다.

모작이란 패시티쉬(Pastiche)로 어떤 창작물이 정당한 판단기준에 의해 높은 평가를 받거나 예술적 가치가 뛰어나다고 인정받을 때 그 창작물의 원본(原本)이나 원형(原形)을 모델로 하여 그와 유사하게 본을 뜨거나 흉내를 내서 제작하는 별개의 제작물을 말한다. 모방이란 여러 작품의 표현들을 한 작품에 긁어모은 혼성모방(상호 텍스트) 표현을 말하며 이질적인 것들이 서로 잡다하게 혼합된 상태 이를테면 여러 가지 헝겊 조각들을 주워 모아 만든 '누더기 옷' 을 가리키는 표현이다 이솝우화에 '새들의 왕뽑기' 중 까마귀의 모습은 '무표정한 패러디(Blank Parody)' 라고도 한다. 혼성모방기법의 작품은 출처를 밝히고 작가의 조형적 · 내용적 의도가 충분히 독창적일 경우에만이 정당화될 수 있다 혼성 모방 작가는 그 이미지가 일반적으로 보편화된 것을 차용 · 인용한다는 강조점을 둔다. 문학의 표절은 애매한 주제이다 시시비비를 가려내기란 힘들다 영향을 받은 경우라 하면 그만이기도 하다 따라서 이러한 표절 시비 중 2013년 광주일보 시부문에서 기성작가의 작품을 변주한 작품을 당선 취소한 바 있고, 2003년 동아일보 문학평론에서 인용을 밝히지 않아 당선취소 된 경우도 있다. 김이원의 「말에 대하여」는 그가 학창시절 마광수 시인에게 제출한 시이다 마광수 시인은 이 시가 너무 아름다워서 무단 도

용했다고 시인했다. 하지만 '시를 집어 넣어서 (시집에 실린) 다른 작품들이 죽었다' 고까지 말하기도 했다는 후문이다.(2007.0.5 조선일보)

패러디의 어원인 'paradia' 는 '다른 것에 대한 반대의 입장에서 불린 노래' 라는 의미로 일반적으로 패러디는 '원전의 풍자적 모방' 이거나 '원전의 희극적 개작' 으로 정의한다. 패러디의 3대 요소로는 모방 변용 골계미이며 풍자와 주제가 뚜렷해야 한다. 패러디란 원(原)텍스트에 대한 해독(解讀)이자 새로운 약호를 창조하는 과정이다. 원텍스트와 새텍스트가 변용을 통해 새로운 '혈연관계' (정끝별)를 맺어가는 과정이다. 원텍스트의 전복을 통해 창조성을 획득하는 행위가 패러디라면 그저 원텍스트를 옮겨오는 행위는 표절이다 말하자면 모방과 패러디를 가르는 기준은 풍자 익살의 표현 방식에 있다. 김춘수의 「꽃」을 텍스트로 하는 오규원의 「꽃」에서는 원텍스트에서 느끼지 못하는 사물의 이름들을 등장시켜 꽃에 대한 감정을 해체하며 '이름' 조차도 담배꽁초나 아달린 같은 쉽지 않는 어휘들을 변용하여 새롭고 흥미로운 골계미를 갖는다. 장정일의 「라디오와 같이 사랑을 끄고 켤 수 있다면」에서는 원텍스트의 '이름' 이 '단추' 로 변용되면서 누르는 행위가 가져오는 상황과 현상을 표현하는 시야가 전개되고 이를 통해 익살스러움이라는 새로운 의미를 부여하는 데 성공한다. 장경린의 「김춘수의 꽃」은 섹스를 매개로 하는 새로운 상황을 펼쳐나가는 한편 그러한 관계는 사랑이 사라진 다음에는 의무이자 이자와 유관하지만 갈망하는 한편 보이지 않는 구속에 자유롭고 싶다는 갈망이 상반되는 점이 오히려 블랙 코미디와 같은 상황을 연출하는 점에서 원텍스트를 벗어난다.

본고에서는 오마주 전이 이식 패러디라는 주제로 시의 표현 양상들을 되짚어 보았다. 조선시대나 그 이전 그리고 가까이는 조선어 사전이 만들어지기 이전, 문화의 불모지 어휘의 불모지에서 우리말로 창작 활동을 해 온 문인들은 어휘와 문화의 기근 속에서, 또 다양한 시대적 제약 속에서 표현의 자유를 강탈당하고 당대적 사회적 상황의 한계성을 인내하고 극복하며 창작 활동을 해 왔다 그러한 점을 감안할 때, 그들의 작업에 대한 전이는 충분히 이해된다. 시의 이식이란 일제 강점이라는 식민 시대적 상황에서 다른 상황의 문화를 옮겨와 작품이 탄생시키므로 단순히 영향이나 모방의 틀에 맞춰 말의 홍수를 살아가는 오늘날의 문학적 상황에 이들 작품을 동일한 잣대로 판단하고 정의 내리는 데는 다양한 오류가 생겨날 수 있다. 하지만 오늘날 우리는 수많은 어휘가 담긴 국어사전을 곁에 두고 또, 수많은 언어와 창작물 홍수 속에 언제든 입수 가능한 인터넷 바다에 둘러싸여 창작 활동을 하고 있다. 또한 평생 시집만 읽어도 못다 읽고 죽을 만큼 수많은 시집들이 쏟아져 나오고, 비슷한 발상. 유사어휘의 사용, 같은 의미의 다른 표현 등이 난무하는 현 상황 속에서 과연 어디까지가 순수한 창작이며 또한 어디서부터 모작(模作 Imitation)이며 패시티쉬(Pastiche)로 인정할 지에 대해 시인 스스로는 얼마나 이에서 자유로울 수 있을까 또한 자신의 이러한 작품에 대해 양심적 잣대를 어디까지 허용하는지 '내로남불'이라는 가치관으로 지나치게 너그럽게 판단하지는 않는지에 대해 창작자는 더욱 진정성 있게 생각해 볼 일이다. (2019. 3월 발표, 지면 사정상 참고시 생략)

詩와 歷史, 歷史와 詩

- 詩人은 歷史를 어떻게 보아야 하는가?

한 경 동

1. 들어가면서

바야흐로 詩의 全盛時代에 살고 있다. 아니, 詩의 末法시대에 살고 있다. 꽃이 너무 흐드러지게 피면 떨어져 발길에 밟히고 천덕꾸러기가 되듯이 이제 詩도 詩人도 발에 밟힐 듯이 차고 넘쳐서 '나는 詩人이다' 라는 말을 꺼내기가 조심스러울 정도이다.

2. 세 개의 거울

그리스神話에서 나르시스는 물속에 비친 자기 얼굴에 도취되어 물에 빠져죽었다. 그때는 물이 거울이었다. 지금도 맑은 물은 거울이다. 우리의 心象이 맑은 물과 같으면 오죽 좋으랴.

先人들은 세 개의 거울을 갖고 살았다. 銅鏡-古鏡-人鏡이다. 먼저 銅鏡은 구리거울, 즉 실제의 거울이다. 미처 화장을 다 못하고 출근하는 여성이 휴대폰을 거울삼아 얼굴을 토닥거리는 것을 보면 안쓰럽다. 학창시절 다뉴세문경이 바로 고대인들의 거울이다.

다음으로 古鏡인데 이는 歷史를 말한다. 흔히 歷史를 거울로 삼자는 말이 바로 이 古鏡을 뜻한다. '龜鑑(귀감)' 이라는 말은 '모범' 으로도 해석하지만 '본보기' 라는 뜻이 훨씬 이해하기 쉬운 낱 말이다. 그래서 옛날에는 歷史를 通鑑이라고도 했다. 그 實例로 '資治通鑑(자치통감)' 을 들 수 있다. 자치통감은 北宋시대 司馬光이 지은 史書로 1084년 당시 황제인 神宗에게 바친, 古代~唐나라시대까지의 通史이다.

세 번째는 人鏡이다. 즉 '본보기가 될 사람' 이다. 聖人을 비롯하여 先賢, 高僧, 巨儒, 詩仙, 詩聖, 詩佛, 名將, 독립투사, 여류명사, 의병장, 애국지사, 영웅호걸 등 역사에 귀감이 될 만한 모든 인물을 網羅한다. 또한 평범한 우리들도 각자가 서로서로 거울이 될 수 있다. 사람 사는 데 거울이 없는 곳이 없다. 자동차의 '빽 미러' 가 얼마나 소중한가.

3. 詩의 發源과 변천 및 漢詩

'남상(濫觴)' 이라는 孔子의 말이 있다. 달리 말하면 '源泉(원천)' 이다. 이는 '조그만 뿔잔에 차서 넘칠 정도의 물' 이란 뜻으로 長江(양자강) 같은 大河도 이 작은 뿔잔에 넘칠 만한 작은 샘에서 시작되었다는 뜻이다. 詩는 아름답다. 아니 아름다움을 추구하는 예술 중에서 가장 으뜸이다. 이런 모든 것들도 아주 소소한 것에서 출발했다는 말이 濫觴이다. 예쁜 꽃을 보고 '아, 아름답다' 거나 슬픈 일을 당하여 '가슴이 미어진다' 라는 말 한 마디에서 詩가 출발한다. 濫觴이다.

漢詩의 濫觴이 딱히 어디라고 말할 수는 없다. 굳이 말한다면 詩經 305篇이 漢詩의 發源이다. 서양에서는 '萬學의 아버지' 로 불리는 아리스토텔레스가 〈詩學〉에서 '悲劇이 서사시보다 우월한 이유' 를 밝혔듯이 孔子가 '문학적 표현의 定型' 이라고 말한 詩經이 詩에 대한 최초의 공식적인 언급이다. 그리하여 '詩三百

思無邪' 라고 하여 詩야말로 모든 언어의 엣센스(精髓)이며 영혼의 발로라고 표현했다.

그리고 漢字에는 두 종류의 六書가 있는데 하나는 象形-指事-形聲-會意-轉注-假借와 같은 題字原理인 六書가 있고, 오늘날의 교육과정과 같은 詩-書-樂-射-御-數라는 六書가 있다. 이들 중 詩가 가장 먼저라는 것은 '모든 교육활동은 詩로부터 출발한다.' 는 뜻이다.

詩經의 첫篇은 '關雎章(관저장)' 인데 '關關雎鳩(관관저구)는 在河之洲(재하지주)로다, 窈窕淑女(요조숙녀)는 君子好逑(군자호구)로다' 라고 읽는 4言4句詩인데 關關(관관)은 '구우구우' 하는 의성어이고, 雎鳩(저구)는 물새의 한 종류로 비둘기와 비슷하며 암수 한 쌍이 매우 정이 두터워 원앙과 같다고 한다. 우리말로는 '징경이' 라고 부른다.

洲(주)는 삼각주와 같은 모래섬으로 '在河之洲' 는 '물가에 있다' 는 뜻이다. 중국에서 江의 대표는 揚子江, 河의 대표는 黃河이다. 북쪽은 河, 남쪽은 江이라 하며, 일반적으로는 水라고도 한다.(예:淮水, 渭水) '窈窕淑女 君子好逑는 얌전하고 정숙한 여자야말로 君子의 좋은 짝' 이라는 일종의 對句이다. 漢詩는 韻과 對句를 매우 중시한다.

이렇게 4字4句 등 四言詩로 시작된 漢詩의 律調는 4.6변려(山高水長 山疊疊水重重)등으로 변화하다가 5言4句, 5言8句, 7言4句, 7言8句(絕句, 律詩)등으로 定形化한다. 이 五言絕句와 七言絕句에 가장 뛰어난 인물이 杜甫이다. 杜甫보다 조금 앞선 李白은 杜甫에 비해 律格에 그렇게 철저하지 않았다. 두 사람의 詩를 한 篇씩만 맛보자.

山中問答 李白

問余何事棲碧**山**(문여하사서벽산) 묻노니, 그대는 왜 푸른 산 속에 사는가
笑而不答心自**閑**(소이부답심자한) 웃으며 답하지 않으니 마음은 한가롭네
桃花流水杳然去(도화유수묘연거) 복사꽃 물에 떠서 어디론가 흘러가니
別有天地非人**間**(별유천지비인간) 별천지가 따로 있나 인간세상 아닐세

＊ 山, 閑, 間은 韻

絕句 杜甫

江碧鳥愈白(강벽조유백) 강이 푸르니 새 더욱 희고
山青花欲然(산청화욕연) 산이 푸르니 꽃은 타는 듯 더욱 붉네
今春看又過(금춘간우과) 금년 봄도 다시 지나가려는지
何日是歸年(하일시귀년) 언제나 고향에 돌아가려나

＊ 江碧鳥愈白과 山青花欲然은 對句　＊ 然=燃

李杜에 앞선 詩人으로는 孟浩然(689~740)이 유명한데 그의 五言絕句 '春曉' 는 지금도 愛誦되는 걸작이다. 하지만 역시 唐詩는 李杜(李白과 杜甫)가 최고이다. 위 두 개의 詩만으로도 두 詩人의 詩風이 확연히 다름을 알 수 있다. 그리고 중국 문학의 변천은 **唐詩(시)-宋詞(歌詞)-元曲(희곡)-明演義(소설)** 순으로 시대에 따라 달라지는데 宋나라에 와서 賦와 詞가 나와 律格이 많이 파괴되었다. 演義는 三國志演義처럼 역사를 바탕으로 한 소설이다. 수호지 홍루몽 금병매 등도 소설류이다.

盛唐 때의 **李白(701~762)은 원래 西域人**으로 **자유분방하여 詩仙**이라 했으며, **杜甫(712~770)는 律格의 모범**으로서 朝鮮時代에 '杜詩諺解' 가 나올 정도이며 **詩聖**이라 불렀다. **中唐 때의 詩人**으로 **王維(699~759)와 白居易(772~846)**가 유명한데 王維는 '詩.書.畵에 모두 뛰어났으며 불교와 관계가 깊어 **詩佛**이라고 한다.

백거이는 현종과 양귀비의 사랑을 다룬 '長恨歌'가 유명하다. 多作 시인으로 생애의 총 작품 수가 3,840수나 될 정도이다.

* 당나라 : 初唐-盛唐-中唐-晩唐으로 구분

또한 문장작법에서 推敲(퇴고)詩人으로 널리 알려진 賈島(가도)는 당송팔대가의 한 명인 韓愈(한유)와 관계가 깊으며, 晩唐 때의 詩人으로 유명하다. 끝으로 **漢詩의 특징**은 ***平仄(四聲)**, ***韻**, ***對句**, 이 **세 가지가 구비**되어야 詩의 **形式美가 갖추어졌다고 평가**한다. **최근** 전국적으로 **漢詩 붐**이 불고 있는 것도 **인문학 전성시대의 한 상징**이기도 하다.

4. 우리나라의 詩

우리나라의 詩는 신라시대의 鄕歌, 고려시대의 高麗歌謠, 고려시대에 시작되어 조선시대까지의 時調와 歌辭文學이다. 오늘날의 現代詩는 新文學 시대의 '海에서 少年에게'를 嚆矢로 일본과 서양을 모방하는 것으로부터 출발했다. 그렇다고 서양 詩의 頭韻-押韻-脚韻과 같은 形式美를 갖춘 것도 아니다. 또한 漢詩의 平仄(四聲)이나 對句를 따른 것도 아니며, 일본의 하이쿠(俳句)처럼 간결하면서도 壓縮美가 높은 詩도 아니다. 그러나 모진 압제의 역사 속에서도 꽃을 피웠으니 장하다.

5. 나가는 말

丹齋 申采浩 선생은 '역사를 모르는 민족은 미래가 없다'고 했다. 栗谷 李珥 선생은 萬言封事에서 '썩고 또 썩어서 나날이 기울어져가는 廢家와 같은 나라는 나라가 아닙니다. 朽腐, 日深之

大厦, 其國非國' 이라고 피를 토하듯 上疏를 했다. 이 말을 지금 정부가 써먹었다.

歷史는 일종의 서사시이다. '삼국유사' 는 가장 은유적인 서사시이다. 歷史學과 詩學은 표면과 내면의 차이 정도이다. 최근 me-too운동으로 몰락한 詩人을 생각하면 한숨이 나온다. 끝으로 詩人은 역사를 먼저 이해하는 것이 바람직하다. 그래야 詩作의 방향을 잡을 수 있다.

꿈과 시, 소원의 성취와 왜곡

이 몽 희

1. 꿈은 소원의 성취

프로이트의 「꿈의 해석」 제3장의 내용은 '꿈은 소원의 성취다'라는 말로 요약된다. 꿈은 영상으로 엮어진 시요, 시는 언어로 표현된 꿈이다. 꿈은 사람이 꾸는 백일몽(몽상, 공상, 망상)보다는 선명하지만 실재하는 자연이나 인간 세상보다는 흐릿하고 모호하다. 꿈이 현실에 아무 흔적을 남기지는 못하지만 현실과 미래를 변화시키고 중대한 영향을 끼친다는 점에서 꿈은 사람의 삶에서 매우 중요한 부분이라 할 수 있다. 좋은 꿈은 기쁨과 희망을 줄 수 있고 나쁜 꿈은 동요와 불안과 불길한 징조에 사로잡히게 할 수 있다. 그리되면 그 꿈에 지배되어 꿈이 실제로 나쁜 상황으로 유도해 갈 수 있다.

어떤 외국 영화에서 본 사례 하나. 남자 주인공이 연인이 차 사고로 죽는 꿈을 꾸고 나서 그 다음날 마주치는 현실이 그 꿈대로 전개된다는 느낌을 받게 된다. 그는 연인과 동행하면서 둘의 사이에 일어나는 모든 일을 꿈에 맞춰서 진행한다. 그리고 마지막에는 연인 대신 자신이 실제로 죽는다.

이런 꿈은 꿈이 사람의 의식을 지배하여 나쁜 결과를 낳게 하는 사례이다. 물론 영화이긴 하지만 현실 속에서도 흔히 일어날 수 있는 현상이다. 아픈 사람이 자신이 죽는 꿈을 꾸면 병세가 악화되거나 빨리 죽는 사례는 흔히 보고 듣는다. 투병 중인 아버지가 죽는 꿈을 꾼 아들이 아버지의 장례 준비를 몰래 진행하고 있는 것을 본다면 아버지는 충격을 받고 절망에 빠질 것이다. 그 영화를 만든 사람들은(특히 대본작가) 무의식적으로 일어나는 데자뷔 현상을 영화 속에서 현실화시킴으로써 꿈과 현실의 신비롭고 초현실적인 연관성을 보여주려고 한 것 같다.

① 추녀가 꿈속에서는 보통이거나 그 이상의 용모가 된다.
② 꿈같은 일이 일어났다.(불가능해 보이는 소원이 성취되었다)
③ 헝가리 속담 – 거위는 옥수수를 먹는 꿈을 꾼다.
유태인 속담 – 닭은 수수 꿈을 꾼다.
④ 남가일몽(南柯一夢) – 당나라 사람 순우분은 꿈에 괴안국(槐安國) 왕의 사위가 되어 남가군(南柯郡)의 태수가 되고 재상의 자리에 올라 부귀영화를 누렸다. 이웃나라의 침공으로 나라가 기울고 그도 고난을 겪고 부인마저 잃는다. 왕은 그를 고향으로 돌려보낸다. 꿈을 깨고 보니 그는 집 근처 큰 느티나무의 남쪽 가지 밑에서 술에 취해 자고 있었다. 나무뿌리 밑에는 큰 개미굴이 있었고 남쪽 가지에도 개미들이 줄을 이어 달리고 있었다.

이 꿈 이야기는 南柯一夢이라는 四字成語가 되어 널리 사람들의 입에 오르내린다. 인생의 무상함과 부귀영화는 한낱 꿈이라는 탄식과 슬픔이 그 안에 담겨 있다. ①②③은 다 소원의 성취를 나타내는 꿈과 연관이 있다. 그러나 ④는 상실과 허무로 끝나는 꿈이니 소원성취의 꿈이 될 수 없어 보인다. 그렇지만 프로이트는 분명 꿈은 소원의 성취에 그 뜻이 있다고 했다. 그는 꿈의 57.2%는 불쾌하고 불행한 꿈, 28.6%가 좋고 즐겁고 행복한 꿈이라는데 동의하고 있다. 세 번 꿈을 꾸면 두 번은 좋지 않은 꿈인 셈이다.

꿈이 소원의 성취라고 한다면 그 두 번도 좋은 꿈으로 바뀌어야 한다. 여기에 꿈 해석의 새로운 방법이 열려야 하는 이유가 있다. 사람이 꾸는 꿈은 인간이나 겨레나 지역인의 집단 무의식이 현재화(懸在化) 된 것이기도 하지만 개인적 무의식이 드러난 것이기도 하다. 이 둘은 같은 꿈에 함께 담기는 것이 보통이다.

순우분의 꿈도 마찬가지다. 인생무상과 부귀영화의 덧없음은 인간이면 생의 어느 단계에서 보편적으로 드러나는 집단 무의식이다. 그러나 그의 꿈에 숨어 있는 꿈꾼 자의 개인적 무의식도 간과될 수 없다.

꿈의 내용으로 유추해 보면 그는 몰락한 귀족의 후손인 것 같다. 현재는 영락하여 빈곤한 평민으로 살고 있다. 그는 조상이 누렸던 부귀영화에 강한 유혹과 향수를 느끼고 있다.(그의 꿈으로 보아) 그는 다시 귀족이 되어 부귀를 누림으로써 현재의 욕됨과 고통에서 벗어나고 싶다. 그러나 그것은 단지 꿈일 뿐 실현 가능성은 전혀 없다. 그럴 바에야 차라리 현재를 긍정적으로 받아들이고 안분지족(安分知足)의 평화를 누리고 싶다. 그는 이 두 길 사이에서 심한 번뇌와 갈등을 겪고 있다. 앞의 소망은 그의 생활 속에서 뚜렷이 제 목소리를 내는 懸在化된 의식세계이고 뒤의 소망은 일상에서는 고개를 들지 않고 잠복해 있는 무의식 세계의 한 부분이다.

그의 꿈은 그에게 답을 내려 주었다. 강렬한 그의 현실적 소원을 꿈속에서 다 이루어 준 다음 실현 가능한 무의식적인 소원, 그가 진정 원하는 것 '마음의 평화'를 찾도록 해 준 것이다. 안분지족의 길을 가라고 빛을 열어준 것이다. 프로이트가 이 꿈 사례를 알았더라면 꿈이 소원 성취라는 좋은 본보기로 이용했을 것이다.

프로이트는 꿈을 해석하면서 당사자의 모든 조건을 그 자료로 이용하였다. 최근에 꾼 꿈, 생활의 내용, 일어난 일, 인간관계, 사회적 조건과 통념, 가족관계, 사랑의 문제, 건강…, 생각해 낼 수 있는 요소들을 총 망라하여 꿈을 해석하고자 했다. 본인도 깜짝 놀랄 숨겨진 소원을 찾아내고, 그것을 통해 숨겨진 또는 망각된 비밀을 찾아내어 정신적 병증을 치료했다.

2. 꿈은 왜곡된다

프로이트는 「꿈의 해석」 제4장에서 '꿈의 왜곡'에 대한 자신의 이론을 전개하고 있다. 앞에서 불쾌하고 불행한 꿈이 세 번에 두 번 가깝도록 압도적으로 많다는 것을 밝혔다. 나쁜 꿈이 나쁜 꿈 그대로 해석되고 수용된다면 꿈이 소원의 성취가 될 수 없고 인간을 불행하게 만드는 어두운 요소가 될 것이다. 여기에서 프로이트가 한 말–왜곡의 열쇠가 될만한–을 인용하는 것이 좋겠다.

'꿈은 억압되고 억제된 소원의 위장된 성취이다'

여기서 우리는 '소원'의 두 가지 성격을 찾아낼 수 있다. 하나는 현실에서는 성취가 어렵거나 불가능한 것이다. 그 둘은 그래서 꿈에서도 정체를 그대로 드러내지 않고 다른 얼굴로 위장되어 나오는 것이다. 이 위장을 변화 또는 왜곡이라고 부를 수도 있겠고 이 위장을 열어젖혀 제 얼굴을 찾는 것이 꿈의 해석의 핵심이 될 수 있을 것이다.

왜곡의 사례 ①

A라는 여성은 언니 집에 얹혀살고 있다. 언니에게는 오토와 카를이라는 두 아들이 있었는데 A는 오토를 더 사랑했다. 그랬는데 오토가 죽었다. 언니 집에는 손님들의 내방이 잦았는데 A는 그중에서 B라는 남자를 사랑했다. B도 A를 사랑했다. 그러나 언니의 완강한 반대로 둘은 헤어지고 B도 발길을 끊었다. 어느 날 밤 A는 꿈에서 남은 조카 카를이 죽어 관 속에 누워 있는 꿈을 꾸었다. 관의 크기와 모양 그 속에서 두 손을 모으고 누워 있는 카를의 모습이 오토가 죽었을 때와 똑같았다. 꿈은 여기까지였다.

〈표를 보는 순서〉

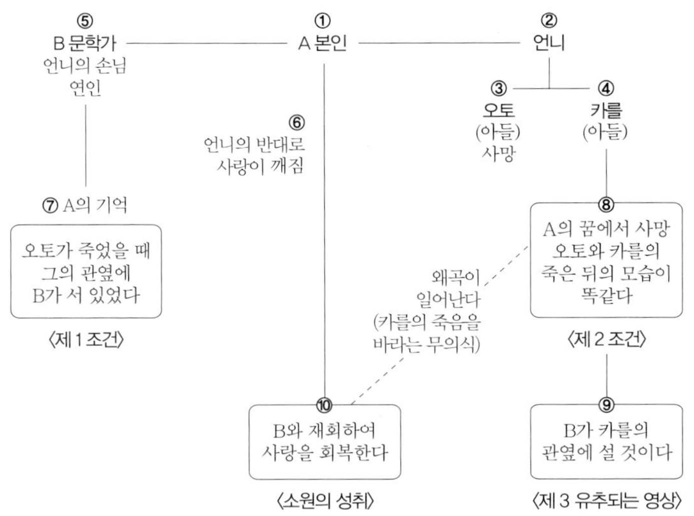

조카 카를의 죽음이라는 고통스럽고 불쾌한 꿈이 왜 A의 소원 성취인가. 그 원인을 분석하려면 위의 표에서 선으로 연결된 여러 요소들을 알아야만 가능하다. 그런 과정을 거쳐서야 B와 결합하고 싶은(만나고 싶은) A의 소망이 카를의 죽음으로 왜곡되었음을 알 수가 있다.

왜곡의 사례 ②

A라는 여자는 B라는 남편과 살고 있다. 그런데 C라는 B의 친구를 만나 사랑하게 되었다. C도 A에게 끌렸으나 두 사람은 지켜야 할 선을 엄격하게 지켰다. A는 B와 C사이에서 많은 고민과 갈등을 겪었다. 고통이 심했다. 그런 어느 날 밤에 꿈을 꾸었다.

C가 B를 찾아왔다. 두 사람은 서로 기다렸다는 듯 자연스럽게 어울렸다. 그런데 정사 중에 본 C는 얼굴의 윤곽만 희미하게 보이고 이목구비가 없어 B인지 C인지 분간을 할 수 없었다. 둘이 헤어져 집을 나서서 걸어가는 뒷모습은 남편 B였다.

처음에는 C였던 남자가 정사 중에는 얼굴 없는 남자로 왜곡되었다가 돌아갈 때는 남편B로 다시 왜곡된다. 왜곡은 꿈의 검열 기능에 의하여 일어난다. 꿈도 시도 모든 예술도 모두 보이지 않는 검열자의 엄격한 심사를 통과해야 한다. 도덕, 윤리, 양심, 상식, 염치, 사회적 관습, 남의 시선, 뒷담화, 자존심, 법률과 징벌… 많은 금기들이 검열자가 되는데 이 과정에서 모든 검열자의 검열에 걸려들지 않도록 왜곡의 과정을 거쳐야하는 것이다. 이 꿈도 안 보이는 검열자들의 눈을 피하기 위하여 두 번 왜곡이 일어난다.

C로서 반가이 맞았으나 정사 중에는 얼굴 없는 남자로 왜곡되었다가 나가는 뒷모습은 B로 또 한 번 왜곡된다. 결국 A는 품고 싶은 사람을 품었고 아내로서의 금기도 깨지 않았다. 이런 사례는 앞서 인용한 프로이트의 명언 '꿈은 억압되고 억제된 소원의 위장된 성취다' 라는 말이 진실됨을 증명해 준다.

3. 시에 나타난 성취와 왜곡

시가 언어로 표현된 꿈이라면 당연히 소원의 성취와 왜곡이란 꿈의 원리가 그 속에 존재하고 있어야 한다. 사실 모든 예술은 이 두 원리에 의하여 창작된다. 이것은 예술가 자신도 예술을 향유하는 수요자도 모두 암묵적으로 인정하고 있는 사실이다. 그러나 그것들이 어떤 모습과 방법으로 작품 속에 녹아 있는가 하는 것을 이해하고 수용하는 데는 상당한 어려움을 느낀다. 그 점이 바로 대중이 부딪히는 예술 감상과 이해의 벽이라 할 수 있다. 시도 예외일 수 없다.

시의 고전이라 할 옛 가요 1편과 현대시 1편으로 시에 나타난 소원의 성취와 왜곡에 대하여 설명하고자 한다.

(1) 고려 가요 〈動動〉의 十二月 謠

十二月 산초(山椒)나무로 깎은
아아 뫼셔 올리는 소반(小盤) 위의
젓가락 같구나
님의 앞에 받들어 얼렸드니
손님이 가져다 물었습니다.

(양주동의 원문해석편을 김열규가 현대시 형식으로 다시 옮긴 글)

이 가요를 산문으로 풀어 쓰면 다음과 같이 된다.

'12월의 산초나무가지로 깎아 만든 젓가락을 당신께 바치는 밥상(혹은 술상) 위에 놓았습니다. 님의 앞에 놓인 젓가락은 나란히 놓지 않고 엇갈리게 놓았습니다. 님께서 저에게 마음이 있으시다면 님이 그것을 집으시길 바라서였습니다. 그런데 님보다 먼저 그 손님이 젓가락을 바꿔 가지고 가서 입에다 물었습니다'

이 노래에 숨겨진 시적 화자의 마음과 일(사랑)의 진행 과정을 풀어 본다.

'산초나무 가지는 껍질은 검으나 속은 여인의 속살처럼 희다. 그걸 깎아서 젓가락으로 놓은 것은 드러낼 수 없는 성적 갈망을 묵시적으로 표현한 것이다. 남녀 간의 사랑은 곧 성적교합(얼다, 얼리다)이라 여겼던 고려 시대의 사회적 통념이 숨어 있다. 님의 앞에는 그 젓가락을 X모양으로 엇갈리게 놓았다. '님의 앞에 받들어 얼렸다.' (남녀의 교합) 이 표현은 강렬한 사랑의 요청과 갈망을 나타낸다. 그러나 그것을 먼저 알아챈 손님이 그것을 물었다.(먹었다, 차지했다) 즉 나는 사랑하는 사람을 잃고 원하지 않는 사람과 만나 살고 있다'

비련의 노래, 남이 되어버린 님에게 바치는 슬픈 연가다. 이 가요는 보편적으로 그렇게 해석되고 이해되고 있다. 그러나 이 노래가 시의 창작 원리대로 왜곡을 품고 있다면 달리 해석되어야 한다. 여인이 젓가락으로 변신한 그 왜곡에 주의할 필요가 있다. 젓가락은 반드시 길이가 같은 것끼리 짝을 짓는다. 젓가락은 짝을 지어야 제구실을 한다. 그런 이유로 젓가락은 전통적인 관념에서 부부를 상징했다.

옛 민화에 등장하는 젓가락의 숨겨진 뜻을 드러내 본다.
A라는 여자와 B라는 남자는 잔칫집에서 슬쩍 한번 스쳐 지나갔다. 목소리만 듣고 사는 마을만 알고서도 서로 간절히 연모하게 되었다. C라는 간교한 여자가 A로 위장하고 B에게 접근하여 혼인한다. 아내에게 실망한 B가 이리저리 떠돌다가 A의 집에 과객으로 묵게 되었다. A는 그 과객이 오매불망 그리던 B라는 것을 단번에 알아차렸다. 정성껏 차린 저녁상에 짝이 안 맞은 젓가락을 얹었다. 과객이 '이렇게 마음 쓴 밥상에 젓가락이 짝짝이라니 해괴한 일이로다' 이렇게 혼자 중얼거렸다. 문밖에서 엿듣고 있던 A가 화답하였다. '젓가락 길고 짧은 것을 아시는 님이 어찌 내외간 짝이 아닌 것을 모르시는지요' 이리하여 B는 사실을 밝혀 바로잡고 A와 부부가 되었다.

〈動動〉의 남녀도 엇갈린 젓가락이 매체가 되어 새로운 부부의 연을 맺었다고 본다. 고려 시대는 남녀관계가 자유로워 여자의 一夫從事의 관념과 제도가 굳지 않았었다. 〈西京別曲〉의 내용이 그것을 잘 증명하고 있다.
이 노래에는 노래하는 사람의 소원성취가 있다. 사랑하는 남녀가 분디나무 젓가락으로 왜곡되었다. 검열을 통과하기 위해서였다. 멋진 의인화로 볼 수도 있겠다.

(2) 현대시

목련

김 영 남(2011년 작)

저 배 내 앞
닻을 내린 저 흰 배
나는 싣지 않고 떠나가겠지요

바다이고
만조의 바다인데
나에게는 썰렁한 바닥과 철조망뿐

배 들고 있는 것
왜 나는 몰랐을까
물때를 또 어디에 두고 있었을까
눈 감아 모두 뱃놀인데

꿈이 흐를 듯 저 배
그대 공주 싣고 북쪽 항구로 떠나가겠지요
자주색 뉘 어릴 적 꿈 망가뜨려 놓고 가겠지요

(원 시에는 밑줄이 없음)

이 시를 읽은 후 보편적으로 떠오르는 감성은 '상실의 슬픔'이거나, 조금씩 차이가 있더라도 그 계열의 정서가 아닐까 생각된다. 상실과 비애의 시라고 한다면 이 시에 화자의 소원 성취가 담겨 있을 것 같지는 않다. 그렇지만 비애가 소원 성취로 가는 길, 또는 소원의 모태가 될 수는 있다.

첫 연의 배는 나를 버린다. 여기서 배는 흰 돛단배였기에 목련의 대체물이 될 수 있다. 둘째 연에서는 바다가 목련이 되거나 목련(흰 돛단배)을 피운 시공이 되기도 한다. 그러나 그것은 나에게는 비정한 부두의 콘크리트 바닥과 철조망 이상의 것이 되지 못한다. 목련이 의미를 잃었다. 셋째 연에서도 배는 목련이다. 그러나 배가 목련이었음을 미처 알아차리지 못했음을 자탄한다. 목련이 피는 것이나 흰 배가 들어오는 것이나 모두 특별할 것 없는 세상사인데 라고 대범하게 수용한다. 넷째 연에서도 배는 목련이다. 우아한 목련이 계절을 싣고 북으로 가듯이 배는 보이지 않게 공주를 태우고 북쪽 항구로 간다. 둘 다 어릴 적 아름답던 꿈을 망가뜨리고 간다.

1, 2, 3, 4연 모두가 배(목련)와 나와의 관계가 소원하거나 타자적, 적대적인 관계에 놓인다. 줄 친 부분을 경계로 하여 위 아래의 내용과 이미지가 대립적으로 맞선다. 선 아래 부분인 시적 화자가 선 위의 내용을 짐 지고 있는 것도 독자를 특별한 정서로 유도한다.

시인 김영남은 시작 노트에서 어릴 적 고향(전남 장흥) 바다의 흰 돛단배가 사라진 데 대하여 고통을 느끼면서 그 고통을 치유하기 위해 흰 것은 모두 돛단배로 바꾸어 봤다고 했다. 이 시는 돛단배에 대한 집착과 그것으로부터 탈출하려는 소망, 그 경계선에 놓인 시라고 볼 수 있다. 어릴 적 추억으로 이끌어 발목을 잡는 흰 돛단배를 버리고 한 걸음 앞으로 나서고 싶은 정신적 성장을 갈망하는 시다. 아름다운 추억이 고통이 되는 시대에 살면서 그 추억에서 벗어나고픈 절실한 소원을 마음속에 품고 그 성취를 이루어 내는 시, 제목만 목련으로 내걸고 흰 돛단배와 그 배가 뜬 바다를 끝까지 목련으로 왜곡시킨 이 시는 그런 만큼 상당한 난해성을 띠고 있기도 하다.

실제로 있었던 일과 시 한 편으로 시의 소원 성취와 왜곡에 대한 설명을 마치고자 한다.

선 채로 이 자리에 돌이 되어도
부르다가 내가 죽을 이름이어!
사랑하던 그 사람이어!
사랑하던 그 사람이어!

소월의 시 〈招魂〉의 마지막 연이다. 하늘과 땅으로 나누어져 영원히 만날 수 없는 연인을 향한 처절한 초혼의 노래다. 영원히 꺼질 수 없는 비애를 노래한 시다.

몇 십 년쯤 전 부산 초량동에 두 남매가 한 방에서 자취생활을 하고 있었다. 남동생은 명문고에 다녔고 누나는 공장에 다니면서 동생의 학비와 생활비를 댔다. 남매가 한 방에 잘 수가 없었기에 밤에만 공장에 나갔다. 공부도 뛰어나게 잘하고 성품도 밝았던 동생이 어느 날 폭력배들에게 맞아 죽었다. 누나는 그 길로 식음을 전폐하고 공장에도 안 나가면서 의식만 있으면 동생의 이름을 불렀다. 그러다가 죽은 듯이 쓰러졌다. 그는 그대로 죽을 작정이었다. 반죽음의 상태에서 동생을 부르던 어느 날 동생이 생생하게 나타났다. '누나, 내가 누나의 몸을 좀 빌려야겠어. 누나 몸이 아니면 내가 이 세상에 올 수가 없어.' 동생은 눈물을 흘리면서 애원했다. 누나는 자신도 모르게 팔을 벌려 동생을 안았다. 그러자 격렬한 엑스터시에 빠지면서 의식을 잃었다. 깨어난 누나는 깔끔했다. 말도 하고 웃기도 하면서 점을 보기 시작했는데 귀신같이 맞춰서 가난에서도 벗어났다. 동생은 수시로 그의 몸을 찾아와서 함께 있곤 했다.

시대가 다르고 상황도 다르지만 ① 사랑의 상실 → ② 극도의 비탄 → ③ 사경에 이름 → ④ 사자의 넋이 실림(일체화, 엑스터시) → ⑤ 재생의 다섯 단계를 거치는 〈초혼가〉라는 점에서 '누나의 이름 부르기' 도 시라면 두 시는 모두 소원의 성취와 왜곡이 내포되어 있다. 소월의 〈招魂〉에는 ④⑤의 단계까지 시가 나아가지 않았을 따름이다.

4. 맺는 말

「꿈의 해석」은 120년 전에 초판이 출간된 이 분야의 고전이다. 여기 수록된 이론으로 이 시대의 시를 해석하는 것은 핵전쟁 시대에 1차대전 이전에 썼던 무기를 들고 나오는 것과 같은 복고적이고 무모한 시도로 볼 수도 있을 것이다. 하지만 이 책은 연구가 치밀하고 과학적이며 그 내용이 심오하고 방대하여 오늘까지도 꿈 이론의 정수로 그 자리를 지키고 있다.

특히 소원의 성취와 왜곡은 꿈의 핵심을 파헤친 이론으로서 모든 예술과 공유될 수 있을 뿐만 아니라 일반 대중들도 쉽게 수용할 수 있는 보편성과 신뢰에 바탕을 둔 항구성을 가지고 있다. 그래서 이 두 가지 이론을 시에 접목시켜 분석을 시도해 보았다.

시에 대한 깊은 이해를 위하여, 시인 자신도 몰랐던 내면세계 특히 무의식 세계를 들여다보기 위해 시인이면 누구나 시도해 볼 만한 작업이라 믿는다.

부산 **詩文學** 시인회

연혁

부산시문학시인회 연혁

1992. 4. 재부 월간 《시문학》 등단 시인들이 모여 부정기로 시낭송회 개최하면서 회원 단체 만들 것 논의함 (도레미센터)

1993. 1. 29 범일동 석화그릴에서 모임 가짐. 단체 명칭 '부산시문학시인회' 로 하고 강남주 회원 초대 회장으로 추대 (총무 윤정숙)

1993. 3. 26 시낭송 행사에 대한 구체적 논의. 행사 제목 '시가 있는 저녁' 으로 하고 행사일은 매월 둘째 주 금요일로, 장소는 영광도서 사랑방으로 정함

1993. 5. 14 제1회 '시가 있는 저녁–젊은 세대를 위한 시의 가교' 이후 1996년까지 총 30회 개최

1994. 11. 30 제 1 사화집 『자유를 위한 交感』 발간

1995. 12. 21 제 2 사화집 『始生代 바람으로』 발간

1996. 4. 15 부산시문학시인회 한·영·일 대역시집 『세계로 띄우는 우리의 시』 발간 (해원출판사)

1996. 5. 24 일본 '호수아비' 동인회와 한·일 시인 교류 협정식 가짐 (해운대 파라다이스비치 호텔)

1996. 12. 10 제 3 사화집 『천년을 썩지 않는 슬픔』 발간

1997. 8. 23 ~24 일본 미야자키에서 한·일 친선 교류 세미나를 '호수아비' 동인회와 공동 개최 (강남주, 이병구, 백영희, 탁영완, 윤정숙 회원 참가)

1997. 12. 25 제 4 사화집 『꽃잎으로 수선되다』 발간

1998. 10. 10 제 5 사화집 『견디기, 길들이기, 허물기』 발간

1999. 12. 21 제 6 사화집 『내 안에서 찬란하다』 발간

2000. 11. 30 제 7 사화집 『푸른 내 물소리를 듣고 싶다』 발간

2001. 12. 29 제 8 사화집 『내 사랑, 아웃사이드』 발간

2002. 8. 2~4 일본 대마도 문학기행 (2박 3일)

2002. 12. 13 제 9 사화집 『때로는 사무친다』 발간

2003. 6. 24 제1회 '시와 사진전' (전 회원 시와 이몽희 회원 사진, 삼성생명 B/D 비추미 전시장)

2003. 11. 28 제 10 사화집 『내게로 무너져오는』 발간

2004. 12. 15 제 11 사화집 『내 목소리 낮아지고』 발간

2005. 9. 제2회 '시와 사진전'(전 회원 시와 이몽희 회원 사진,
부산 · 울산 · 마산 순회 시사전)
2005. 11. 30 제 12 사화집 『나도 하나의 부호이고 싶다』 발간
2006. 11. 10 제 13 사화집 『네 갈망의 곡괭이를 그쯤에서 던지고』 발간
2007. 11. 25 제 14 사화집 『저 무위의 과녁을 향해』 발간
2008. 9. 17 다음 카페 개설 (부산시문학시인회)
2008. 11. 19 제 15 사화집 『새의 눈으로 보다』 발간
2009. 12. 20 제 16 사화집 『세상의 저녁』 발간
2010. 11. 29 제 17 사화집 『박제된 시간을 풀고』 발간
2011. 1. 25 신년회 및 임원진 구성 (회장 백영희, 총무 송인필)
4. 25 시와 함께 하는 걷기 행사 - 암남공원 둘레길 걷기
5. 28 한국시문학회 제 35회 봄 문학기행 - 문학특강 및 시낭송회
2011. 11. 28 제 18 사화집 『들불처럼 번지는』 발간
2011. 12. 27 송년회 겸 사화집 『들불처럼 번지는』, 조영희 회원 『밀물과 썰물 사이』, 백영희 회원 『바람의 씨앗』 출판기념회
2012. 1. 19 신년회 및 임원진 구성 (회장 조영희, 총무 고훈실)
3. 31 장동범 회원 시집 『바람소리 혹은 낚詩』 출판기념회 및 전시회 (이주홍 문학관)
4. 14 시문학 봄 문학기행 (삼랑진 수촌재)
11. 21 부산시문학시인회 발족 20주년 기념 한 · 중 · 일 대역시집 『부산의 詩 아시아로 날다』 발간 (제 19 사화집 겸함)
2012. 12. 26 『부산의 詩 아시아로 날다』 출판기념회 (국제신문 24층 크리스탈)
2013. 1. 28 신년회 및 임원진 구성 (회장 배기환, 총무 최지인)
2. 18 정기월례회 및 시집 공동 출판기념회 (강정화, 배기환, 장동범 회원)
3. 29 백영희 회원 2012 한국동서문학 작품상 수상, 올해의 최고 시로 선정
2013. 7. 31 제 20 사화집 『서서 잠든 자의 영원』 발간
2013. 10. 16 제 20 사화집 출판기념회 (영광도서)
12. 30 송년회 (원조 뚝배기)

2014. 1. 8 신년회 및 임원진 구성 (회장 김인권, 총무 이효애)
1) 슬로건 : 2014년 '시 섬김의 해' 로 지정
2) 매월 마지막 금요일 독서 토론회 지정
(분과 위원 : 이동희, 고훈실)
3. 8 가덕도 생태마을 (진우도) 탐방
4. 5 범어사 야외 월례회 개최
7 한경동 회원 시집 『누운 섬』 발간
7. 28~29 1박 2일 여름 문학기행 (하동 방아섬)
11. 5 제 21 사화집 『바람의 비늘도 유적이 된다』 발간
11. 28 제 21 사화집, 한경동 회원 시집 『누운 섬』,
최지인 회원 시집 『오래된 약속』 출판기념회 (영광도서 사랑방)
2014. 11. 배기환 회원 해양문학상 시 부문 최고상 수상
2015. 집행부 회장 장동범, 총무 이효애
4. 문학기행 (남해, 문학의 향기 돌아보기)
10. 탁영완 회원 시집 『시월국화는 시월에 핀다더라』 발간 및 출판기념
11. 제 22 사화집 『내가 사랑한 시간의 문턱』 출판
12. 송년 및 총회 (쥬디스태화 자연별곡) 뷔페
2016. 집행부 회장 장동범 연임, 총무 김예진
1. 배기환 회원 을숙도문학상 본상 수상
4. 문학기행 (통영, 문학의 발자취 따라가기)
5. 김예진 회원 시집 『게스트하우스』 출판
6. 백영희 회원 시집 『지장경 싹이 트다』 출판
8. 이효애 회원 시집 『그 틈, 읽기』 출판
9. 배기환 회원 제 6 시집 『젊음의 징비록』 출판
9. 백영희 회원 부산문학상 대상 수상
10. 탁영완 회원 부산 펜 문학상 본상 수상
10. 제 23 사화집 『하얀 맨살로 바다를 건너와』 출판
11. 조영희 회원 『가덕도, 대구 잡으러 간다』 출판
12. 제 23 사화집, 김예진, 백영희, 이효애, 조영희 네 시인의 시집
출판기념회 개최(다이아몬드 호텔 연회장)

2017. 2 집행부 회장 이혜화, 총무 김예진
4. 문학기행 (진해 일대)
6. 한국 시문학 문인회 문학기행 (거제, 통영 일대)
7. 한경동 회원 시집 『목간을 읽다』 출판
8. 배기환 회원 해양문학상 대상 수상
9. 김검수 회원 부산사상문화상 수상
9. 고훈실 회원 시집 『3과4』 출판
9. 조영희 회원 부산 펜 문학상 본상 수상
10. 조영희 회원 현대시인상 수상, 시집 『낙동강은 얼지 않는다』 출판
10. 강남주 회원 장편소설 『유마도柳馬圖』 출판
11. 장동범 회원 시집 『심심』 출판
11. 제 24 사화집 『차갑고 깊은 발돋움으로』 출판
12. 출판기념회 및 송년회 (이비스엠버서더 호텔)
2018. 2. 집행부 회장 김지숙, 총무 최지인
2. 윤유점 회원 입회
3. 정성환 회원 시집 『당신이라는 이름의 꽃말』 출판
4. 문학기행 (일광 일대)
6. 수국 축제 (태종대 일대)
7. 강정화 회원 시집 『우물에 관한 명상』 출판
8. 하계문학특집 - 자필 캘리 특강
10. 가을문학기행
10. 조영희 회원 낙동강 문학상 본상 수상, 시집 『순회하는 강』 출판
10. 강남주 회원 시집 『흔적 남기기』 출판
10. 이몽희 회원 부산원로문학상 수상
10. 이효애 회원 부산시인협회 작품상 수상
11. 윤유점 회원 부산진구문화예술인 본상 수상
12. 제 25 사화집 『웃음에는 무게가 없어』 출판기념회 및
송년회 (송도 조영희 회원 세컨드 하우스)
2019. 2. 집행부회장 최지인, 총무 윤유점
4. 회동수원지 야외 월례회 개최

5. 배기환 회원 부산일보해양문학상 시부문 우수상 수상
7. 이효애 회원 시집 『괄호안의 고백』 출판
정성환 회원 제 66회 시민과 함께 하는 문학 톡! 톡!
독자와의 만남 (소민아트홀)
8. 최순해 회원 시집 『시간 감각』 출판
9. 광복동 지하상가 '더 공간' 에서 시화전 개최
(당신과 함께 하는 시의 몸짓)
김검수 회원 시집 『겨울의 사회학』 출판
강남주 회원 소설집 『따로 쓰게 된 방』 출판
10. 김검수 회원 낙동강문학상 수상
최순해 회원 부산 펜 문학상 수상
탁영완 회원 시집 『해인의 창』 출판
11. 윤유점 회원 부산시인협회 우수작품상 수상
백영희 회원 시집 『8병동의 똥방』 출판
12. 제 26 사화집 『길에서 길을 만나다』 출판기념회 및 송년회

부산시문학시인회 주소록

강남주	48075 해운대구 대천로 103번길 61 LG아파트 110동 802호	010-8551-6000 051-702-1447
강정화	12907 경기도 하남시 풍산로 270 미사강변도시 베라체2단지 204동 1405호	010-3594-2084 051-555-7878
이몽희	48065 해운대구 해운대로 483번길 10 7동 1202호 (우동 롯데아파트)	010-3550-5485 051-741-5484
탁영완	47196 부산진구 동평로 218 일동미라주 아파트 103동 1401호	010-4585-2158 051-802-2158
조영희	46770 강서구 가덕해안로 821번길 100 천성보건진료소	010-4547-3196 051-243-5187
조민자	50925 경남 김해시 부원동 607-3	010-2353-4489 055-333-0213
백영희	46274 금정구 중앙대로 1763번길 36-11 금정빌리지 702호	010-6581-8875 051-515-0349
한경동	46213 금정구 금정도서관로 13번지 화신아파트 403호	010-9653-6521 051-508-6521
송인필	52433 경남 남해군 남면 남서대로 1010-8	010-8524-9310 055-321-3300
배기환	48577 남구 이기대 공원로 26번길 21-4 3동 205호 (용호동 화신골든맨션)	010-3870-0536 051-623-0530
장동범	48306 수영구 남천동로 41, 104-1101호 (코오롱하늘채)	010-3728-3774
김지숙	46527 북구 화명동 북부산우체국 사서함 14호	010-3563-7819 051-363-9709
이혜화	46971 사상구 새벽로 215번길 84 대부정공(주)	010-8554-7579 051-322-7579
최지인	47168 부산진구 개금 본동로 42 개금 반도보라아파트 103동 205호	010-8904-8240 051-892-8240
고훈실	47837 동래구 아시아드대로 234 반도보라아파트 103동 2003호	010-5488-7152
이효애	46201 금정구 청룡예전로 100-12 경동 메르빌 2차 203동 103호	010-9909-5052 051-508-5057
김예진	47174 부산진구 개금3동 신개금 엘지아파트 213동 902호	010-4542-0565 051-891-2180
김검수	46976 사상구 괘감로 53	010-8564-4508 051-632-5888
정성환	48298 수영구 광안동 473-2 광안동에스케이뷰 104-2801호	010-8858-7962 051-702-7952
윤유점	47281 부산진구 신천대로 140(부전동 607)	010-5441-6736
최순해	47516 연제구 세병로 44 102-1401호(거제 1동, 롯데캐슬)	010-9613-0707

2019 부산 **詩文學** 사화집 26

길에서 길을 만나다

인쇄일 | 2019년 11월 15일
발행일 | 2019년 11월 30일
발행인 | 최지인 외
발행처 | 부산시문학시인회

펴낸곳 | 도서출판 푸름사 (등록번호 제329-2009-000010호)
부산광역시 부산진구 부전로 35, 301호(부전동, 삼성빌딩)
Tel:(051)805-8002 Fax:(051)805-8045
전자우편 : doosoncomm@daum.net

부산시문학시인회 카페 http://cafe.daum.net/poetryfamily

값 8,000원

ISBN 978-89-94839-26-4 03810

「이 도서의 국립중앙도서관 출판시도서목록(CIP)은 서지정보유통지원시스템 홈페이지(http://seoji.nl.go.kr)와 국가자료공동목록시스템(http://www.nl.go.kr/kolisnet)에서 이용하실 수 있습니다.(CIP제어번호: CIP2019045390)」